Reparar la escritura

Didáctica de la corrección de lo escrito

Daniel Cassany

GRAÓ

Biblioteca de Aula | 108

Biblioteca de Aula
Serie Didáctica de la lengua y de la literatura

C/ Hurtado, 29. 08022 Barcelona
www.grao.com

1.ª edición: abril 1993
14.ª reimpresión: septiembre 2009

ISBN: 978-84-7827-050-7
D.L.: B-33.074-2009

Diseño de cubierta: Xavier Aguiló
Impresión: Imprimeix
Impreso en España

ÍNDICE

AGRADECIMIENTOS

Quiero dar las gracias a todas las personas que, de una forma u otra, me han ayudado a escribir este libro. En primer lugar, debo mucho a los numerosos maestros de todos los niveles de enseñanza que han participado conmigo en charlas, cursillos, conferencias y seminarios sobre didáctica y lenguaje. Sus opiniones y experiencias no sólo me han proporcionado ideas y ejercicios para este libro, sino también un estímulo que me ha animado a investigar sobre el tema, a buscar bibliografía, a reflexionar y a escribir este manual. Sus -y mis- inquietudes son el origen de un largo proceso de trabajo que culmina con este volumen.

También agradezco el interés y el esfuerzo de los amigos, colegas y editores que han leído partes del texto y han sugerido cambios para mejorarlo. Anna Díaz, Jordi Faulí, Marta Luna y Glòria Sanz fueron unos minuciosos lectores para la primera versión catalana. Anna Roig la tradujo al castellano. El profesor Joan Mallart y la estudiante Concepció Vilaró me facilitaron textos reales de alumnos de Básica, corregidos por sus maestros. También debo mencionar a Eduard Sanahuja, que colaboró en la evaluación del escrito sobre las hamburguesas, y a Hilda E. Quintana y al resto de profesores de redacción de la Universidad Interamericana de Puerto Rico, con los que ha sido un placer compartir experiencias sobre la escritura.

D. C.

PRESENTACIÓN

Los libros acostumbran contar poco o nada de su génesis. Se presentan como algo acabado, coherente y atemporal. Pocas veces revelan los secretos de su gestación, el largo y difícil camino que ha recorrido su autor para conseguir presentar su obra al público. Pero, como siempre, el pasado nos dice mucho del presente y creo que vale la pena saber cómo ha nacido y crecido un texto para comprenderlo. Aquí está la pequeña historia de este libro.

Mi preocupación por la corrección de los escritos -como cualquier maestro- nace con la práctica de la docencia. Cuando daba clases de lengua catalana para adultos, lo que me producía siempre más pereza era corregir los trabajos de los alumnos. Me aburría, los alumnos no me agradecían el esfuerzo realizado -o yo así lo sentía- y, además -¡y más importante!- dudaba bastante de la utilidad que pudiera tener esta tarea. Poco después me interesé por la expresión escrita y el proceso de composición de textos, investigué sobre estos temas y descubrí que saber corregir es imprescindible para poder escribir. Pero no me metí de lleno en la cuestión hasta septiembre de 1988, cuando un grupo de maestros de catalán para adultos en Vic (Barcelona) me pidieron que preparara un seminario sobre la corrección de las redacciones de los alumnos. Esto me obligó a ordenar mis ideas, a desarrollar intuiciones, a buscar bibliografía especializada y, también, a preparar un extenso cuestionario sobre el tema.

El seminario tuvo éxito y se repitió en otras ciudades con otros maestros. Era interesante contrastar las opiniones de cada profesional. La mayoría compartíamos las mismas dudas y frustraciones sobre la cuestión, y algunos se habían enfrentado al problema por su cuenta: buscando fórmulas nuevas, preparando ejercicios diferentes, dialogando con los alumnos, etc. Pero también había quien se resignaba a corregir –aun sin mucha confianza- como si se tratara de un mal menor e ineludible.

El material acumulado y las notas tomadas durante estas sesiones se convirtieron en un artículo para una revista especializada de didáctica, que se corresponde con la segunda parte del presente volumen. Pero el texto era excesivamente largo y no me gustaba nada la idea de resumirlo o de publicarlo por entregas.

Por otra parte, el texto no paraba de crecer, como si se tratara de una planta exótica: ejemplos comentados, teorías sobre el error, esquemas... Continuamente estaba «reparando» y «rerreparando» el artículo. Cada nuevo seminario o charla añadía ideas y puntos de vista nuevos. El tema había llegado a apasionarme y empecé a diseñar materiales y a experimentarlos en mis clases. Finalmente, una editorial se interesó por el trabajo y lo publicó en 1989 con el título de *«Correcció del treball escrit»*.

Pero el crecimiento de la escritura no se detuvo. Dos años después escribí cinco artículos con material nuevo. Más seminarios, jornadas y charlas (no quiero olvidar la *II Conferencia sobre la Enseñanza de la Redacción*, organizada por la Universidad Interamericana de Puerto Rico). Añadí al texto una primera parte reflexiva y humanista sobre las personas del maestro y el alumno. Proponía un nuevo enfoque de su interacción en el aula.

Lentamente me iba dando cuenta de que la corrección está relacionada con la práctica global de la escritura en el aula. Lo que hagamos maestros y alumnos depende de cómo estén organizadas las cosas a nuestro alrededor. Cambiar la corrección significa cambiar la enseñanza de la redacción. Me contó un día un amigo, profesor de inglés en una academia y redactor de los exámenes finales, que había conseguido cambiar la didáctica de las clases de sus colegas cambiando el examen de final de curso. Había diseñado un examen mucho más comunicativo y funcional que el anterior; como los profesores de la academia querían que sus alumnos aprobaran, no tuvieron más remedio que cambiar el enfoque de sus clases. Del mismo modo, yo también iba tramando planes refinados para cambiar la didáctica general de la escritura a partir de la corrección.

Durante todos estos años mis ideas sobre la corrección han continuado evolucionando. Mis lectores han descubierto errores en los escritos publicados y han tenido la amabilidad de comunicármelo, así como de sugerir nuevas mejoras. Mi trabajo diario en el aula ha fructificado con nuevos materiales didácticos. También he conocido otras investigaciones y referencias bibliográficas. Por estos motivos, esta versión castellana constituye un libro distinto. Incorpora todos los materiales inéditos y los publicados anteriormente, organizados de forma más lógica. El nuevo volumen es mucho más extenso y maduro que el primer original. Se han añadido ejemplos, apartados nuevos, bibliografía actualizada y adaptada, esquemas y más propuestas didácticas.

Por primera vez desde que empecé este largo proceso de reflexión y escritura, tengo la sensación de haber tocado fondo, o sea, de haber agotado las ideas que tenía sobre este tema. ¡Espero que no sea cierto!

INTRODUCCIÓN

«Corregir redacciones es a menudo un dilema, tanto para maestros como para alumnos: para el primero se trata de una tarea rutinaria y molesta; para el alumno, los cuadernos «tachados de tinta roja» son una fuente de frustración y desaliento.»
Robinet

Siempre inicio mis seminarios sobre corrección pidiendo a los maestros que piensen en su trabajo de corregir y que respondan sinceramente a preguntas como: *¿cómo me siento corrigiendo?, ¿me gusta?, ¿es útil?, ¿los alumnos aprenden?* Las respuestas no suelen ser muy positivas: *aburrido, frustrante, obligado, los alumnos no las leen...* Pero lo más chocante llega cuando les pido que respondan de nuevo a las mismas preguntas o parecidas, pero como alumnos, como alumnos de un idioma extranjero -si lo están estudiando- o con los recuerdos de su época escolar. La cosecha de respuestas no varía: *aburrido, frustrante, me daba pereza corregir lo que pedía el maestro...* Y uno acaba pensando: ¿qué tendrá la corrección que no satisface a nadie pero todos la seguimos practicamos?

Nancy Sommers (1982), en uno de los artículos pioneros en el estudio de la corrección, explica la gran paradoja que afecta a esta actividad didáctica. Por una parte, su importancia está fuera de toda duda: cualitativamente es el momento en que maestros y alumnos interactúan sobre la escritura, cuando el maestro da su opinión, el alumno la lee o escucha y se supone que mejora su redacción. También se trata de una de las tareas que consume más tiempo y esfuerzos del profesor.

Respecto al tiempo, la autora apunta la estimación siguiente para los Estados Unidos, necesariamente *sui generis*: cada maestro dedica de 20 a 40 minutos para comentar cada uno de los 8 escritos que hace cada uno de los 20 alumnos del curso durante un semestre. La suma final de minutos es terrorífica. Para las escuelas españolas creo que habría que reducir notablemente el tiempo de dedicación a cada escrito y quizás también el número de trabajos corregidos (¡pero aumentar la ratio de alumnos por clase!). El resultado sería parecido. Y sea el que sea, creo que todos estaremos de acuerdo en que son demasiadas horas y muy laboriosas.

Por otra parte, se trata de uno de los aspectos menos estudiados y de los más desconocidos. Además de las dudas y sentimientos que ya hemos mencionado, podemos aportar una larga lista de incógnitas preocupantes: ¿son realmente apropiados y provechosos los comentarios de la redacción o hacemos demasiados o demasiado pocos?, ¿son claros y explícitos?, ¿los entienden los alumnos?, ¿por qué éstos, al rehacer el texto, sólo aprovechan algunos comentarios y olvidan otros?, o ¿por qué muchas veces la corrección fracasa y el alumno repite una y otra vez las mismas faltas? Lo cierto es que sabemos muy poco o nada de todo esto. La conclusión obvia es que la corrección requiere urgentemente el interés y la dedicación científica de maestros y pedagogos.

Desde finales de los años setenta, un grupo anglófono de profesores de expresión escrita (la misma Nancy Sommers; Vivian Zamel, Anita Sokmen, Keith Johnson, etc.) han reanudado el estudio de la corrección de lo escrito, a partir de la investigación sobre los procesos de composición de la redacción (véase Cassany, 1987). Recogiendo aportaciones previas importantes, estos profesores han replanteado los objetivos, las técnicas y la utilidad de la corrección, a fin de adaptarlos a esta nueva concepción de la expresión escrita y de su instrucción/aprendizaje.

Por lo general, utilizan una metodología empírica: recogen textos corregidos y analizan los comentarios y las marcas que han hecho los maestros, así como los escritos reformulados de nuevo por los alumnos a partir de las correcciones. De esta manera pueden observar el proceso de corrección tal como ocurre en realidad y pueden empezar a responder a algunas de las preguntas que nos hacíamos antes. Las conclusiones a que llegan no son revolucionarias ni espectaculares, pero nos ayudan a comprender en su globalidad este tema tan importante. Algunas de las sugerencias que proponen son de sentido común y alguien pensará que sólo son el redescubrimiento del Mediterráneo, pero para otros maestros pueden ser ideas nuevas o no tan evidentes. A veces la práctica tradicional y las manías heredadas nos impiden ver maneras más efectivas de trabajar.

En Catalunya, Bolíbar y Fons (1984), Vidal (1984), Codina y Fargas (1988) y, sobre todo, Alexandre Galí (1928a i 1928b), y en castellano Ferreres Pavía (1984) y Condemartín y Chadwick (1990), han trabajado a fondo cuestiones relacionadas con la valoración de lo escrito. En general, sus aportaciones son más útiles para los evaluadores que tienen que diseñar tests o exámenes objetivos, que para los maestros preocupados por buscar la forma más clara y eficaz de corregir las redacciones de los alumnos. Estos autores proponen instrumentos y criterios para medir el trabajo de los alumnos de una forma válida y fiable, pero no dicen nada de cómo podemos ayudar a los chicos y chicas a enmendar sus errores. En el caso de Galí, su trabajo sobre el aprendizaje de la ortografía (sobre todo en 1928a) es exhaustivo, admirable, y contiene aportaciones interesantes al tema de la didáctica de la corrección. Pero la distancia en el tiempo y también el hecho de que su trabajo se concentre en la ortografía, lo alejan inevitablemente de los enfoques que se expondrán aquí.

También en castellano, Graves (1983) y Serafini (1989) resultan más útiles para los fines planteados. Ambos distinguen corrección de evaluación y aportan reflexiones e ideas prácticas para rentabilizar la primera. La exposición de Graves sobre el trabajo interactivo maestro-alumno en la redacción, con textos, entrevistas y materiales, es espléndida. Limitado al ámbito de la ortografía, también aporta ideas sugerentes el trabajo de Camps *y cols.* 1989.

Teniendo en cuenta todas estas circunstancias, este libro intenta responder las siguientes preguntas:

- ¿Qué nuevo marco teórico puede sustentar una concepción más dinámica y rentable de la corrección? ¿Qué aspectos de la práctica cotidiana tienen que cambiar? ¿Cómo?
- ¿Qué dicen las últimas investigaciones de lingüística y pedagogía sobre la corrección del texto escrito? ¿Qué nuevos métodos proponen?
- ¿Qué podemos hacer para que los alumnos aprovechen realmente las correcciones que hacemos los profesores? ¿Cómo podemos mejorarlas, haciéndolas más claras y eficaces? ¿Qué técnicas podemos utilizar?

El texto se divide en tres partes: una primera de exposición teórica y dos eminentemente prácticas. La primera se titula «**Marco teórico para la corrección**» y analiza la situación de partida; se exponen algunas investigaciones y se desarrolla un nuevo enfoque teórico para la interacción maestro-alumno. A partir de la idea central de que la corrección forma parte esencial del proceso de composición de textos, se propone un replanteamiento sustancial de la asignatura de expresión escrita.

«**Preguntas sobre la corrección de lo escrito**», el segundo capítulo, repasa de forma rápida todos los aspectos de la corrección. Clarifica conceptos, recoge las opiniones controvertidas y contrarias al respecto y discute los hábitos más arraigados que seguimos los maestros. En algunos casos, se proponen técnicas alternativas.

La tercera parte, «**Técnicas de corrección**», expone diez ejercicios para desarrollar las estrategias de composición. Se trata de propuestas bastante sofisticadas que, si bien se alejan de las prácticas didácticas más habituales en nuestro país, se pueden adaptar perfectamente a situaciones y grupos de alumnos distintos. Al final, en un **Epílogo** a modo de resumen, me he atrevido a dar algunos consejos generales para mejorar la corrección en el aula.

En general, he huido del discurso académico y filosófico, para buscar un lenguaje llano y hablar de los problemas del aula que afectan a maestros y alumnos. Mi intención ha sido escribir una *mise en jour* sintética sobre esta cuestión tan abandonada. Me gustaría haberlo conseguido y que la lectura te fuera tan placentera como útil.

MARCO TEÓRICO PARA LA CORRECCIÓN

«Debemos pasar de la corrección de secretaria a la corrección entre compañeros.»
Frank Smith

Los papeles de maestro y alumno

La tradición escolar ha forjado a través de los años un perfil sólido de cómo deben ser un maestro y un alumno dentro del aula. Este perfil o conjunto de atributos determina la actitud, los comportamientos y la forma de trabajar de ambos sujetos: qué hace cada uno, de qué manera, cómo se hablan, dónde se sitúan... Los maestros hemos estado aprendiendo nuestro papel de forma subconsciente desde pequeños, primero en nuestra infancia como alumnos y después como profesionales de la enseñanza. Nuestros alumnos adquieren el suyo del mismo modo y llegan a nuestras aulas con la lección bien aprendida. Y también los padres y el resto de la sociedad los conocen, porque todos han pasado por la escuela y, en consecuencia, los han vivido en sus carnes. Todos saben qué deben hacer maestros y alumnos. Cada uno sabemos cuál es nuestro lugar.

El cuadro siguiente esboza los roles establecidos de maestro y alumno en el curso de un trabajo de redacción:

ROLES EN LA REDACCIÓN DEL ESCRITO

Alumno/a	Maestro/a
• Sigue las instrucciones precisas del maestro. Escribe lo que quiere éste.	• Decide qué es lo que se tiene que escribir, cómo y cuándo.
• No está capacitado para autocorregirse o para corregir a un compañero, porque no sabe lo suficiente y podría equivocarse.	• La corrección es responsabilidad exclusiva suya. Solo él o ella sabe lo necesario para hacerlo
• Espera que se le corrija todo lo que escribe. Pierde sentido escribir si no es corregido.	• Está obligado a corregir todos los ejercicios. Casi es la demostración de su capacidad y trabajo.

- No puede cometer errores, porque crean hábito. Visión conductista del error.
- Debe corregir todos los errores del texto, que debe quedar perfecto. Ha de dar las soluciones correctas.
- Espera una calificación en forma de nota.
- Puede hacer algún comentario además de la calificación.

Esta pareja de roles se insiere perfectamente en lo que se ha llamado la manera tradicional de enseñar, caracterizada por Porlán y Martín 1991 del modo siguiente:

- La dinámica de la clase se basa en la transmisión verbal de contenidos sin conexión directa con la realidad (aunque, en el caso concreto de la redacción, se debería matizar la idea).
- Los contenidos son absolutos, verdaderos, establecidos y se organizan de manera acumulativa y disciplinar.
- Aprender consiste en apropiarse de los contenidos. No hay ningún tipo de interpretación o alteración personal.
- Aprender es un hecho homogéneo y estandarizado.

Creo firmemente que este juego de roles, con la concepción subyacente de la enseñanza, añade más inconvenientes que ventajas al aprendizaje de la expresión escrita. En primer lugar, el alumno asume muy poca responsabilidad en el proceso global de trabajo. Pronto se da cuenta de que es el maestro quien gestiona lo que escribe, cuándo y cómo lo hace, de manera que acaba inhibiéndose personalmente de la tarea para convertirse en un autómata obediente que sigue las indicaciones de un jefe. Escribir deja de ser el instrumento personal y creativo para desarrollar los propios pensamientos y sensaciones, para analizar el mundo desde un punto de vista íntimo e intransferible; escribir se convierte en algo lejano a uno mismo, en una obligación escolar más, pesada y aburrida, en un *rollo*.

Por otra parte, la falta de responsabilidad se agrava aún más en el apartado final de la corrección. En raras ocasiones los alumnos tienen la oportunidad de revisarse sus propios errores, de autocorregirse, de reformular sus borradores y mejorar paulatinamente su trabajo. De esta forma se mutila el proceso global de composición de escritos, en uno de sus componentes más trascendentales, y se impide el desarrollo integral de la habilidad lingüística. El alumno no aprende a corregir ni sus escritos ni cualquier otro, y no desarrolla autonomía para poder defenderse solo, en un futuro inmediato, con la escritura. Siempre dependerá de los conocimientos de otra persona: el maestro u otro corrector.

Finalmente, se trata de un planteamiento nada realista. El maestro no tiene el tiempo suficiente para corregir con calidad todo lo que los alumnos tienen que escribir. Los alumnos tampoco pueden aprender en un solo texto todos los errores que se han cometido. Los errores tampoco son pecados terribles de los que tengamos que avergonzarnos, ni cicatrices que tengan que llevarse de por vida. En definitiva, este planteamiento tradicional es el causante de la sobrecarga de trabajo del maestro, de algunas de las frustraciones del alumno y de una imagen errónea de lo que supone aprender lengua y aprender a escribir.

En un artículo muy sugerente, titulado «Sobre los derechos de los estudiantes en sus propios textos», Branon y Knoblauch (1982) comparan minuciosamente la relación corriente de autor y lector y la pareja maestro-alumno en la enseñanza de la escritura. En la lectura corriente de libros o periódicos, los lectores damos un margen de confianza al autor para que escriba de lo que quiera y como quiera; le otorgamos una cierta *autoridad* para que obre a su manera y aceptamos poner esfuerzo nuestro para comprender el texto (incluso si es algo complejo, nos esforzamos y empeñamos en entender el escrito, antes de acusar a su autor de falta de claridad). Por su parte, el escritor sabe que disfruta de esta confianza y trabaja a gusto, con libertad y motivación, porque sabe que los lectores estarán interesados en lo que diga y que su prosa recibirá la atención suficiente.

En la relación maestro-alumno, la balanza de autoridad y confianza varía radicalmente. Los maestros leemos las redacciones escolares sabiendo que habrá errores y casi buscándolos. Pocas veces renunciamos a nuestra autoridad de maestros para aprender de lo que los alumnos escriben o quieren escribir, para entenderlos y ayudarles a saber decirlo. Simplemente, tachamos las faltas que han cometido y adjuntamos la solución correcta al lado. ¡Qué frustrante para alguien que está descubriendo el poder de la palabra escrita! Los alumnos saben que serán juzgados de este modo y escriben con temor; saben que no se les otorga ninguna confianza: escriben una hoja justa y basta, buscan palabras fáciles para no cometer errores, repiten las mismas ideas, no se arriesgan a discutirle a la autoridad. Se saben condenados a cometer errores de antemano, antes de empezar a escribir.

En la misma línea, Sommers (1982) y Zamel (1985) comentan como algunas veces las correcciones del maestro distraen a los alumnos de sus propios intereses y los desvían hacia las opiniones personales del maestro. Como sea que la autoridad reside siempre en el docente, el alumno suele renunciar a su persona para adoptar el estilo y las manías de cada maestro (recordemos: «¡cada maestro con su libreto!»); acaba escribiendo lo que se le pide que escriba. No cabe duda de que esta forma de corrección es poco positiva -se me escapaba la locución «es alienante»-, porque el objetivo de la clase tendría que ser que cada alumno desarrollara su propio estilo de composición. Cada uno debería aprender a escribir a su aire y no copiando por obligación las maneras del maestro.

Haciendo otro paralelismo sugerente con la medicina y la relación doctor-paciente, Stelzer Morrow (1991) analiza también la interacción maestro-alumno y distingue tres modelos posibles, según la responsabilidad y la función que ejerza cada sujeto:

INTERACCIONES MAESTRO-ALUMNO

	Activo-pasivo	**Guía-cooperación**	**Colaboración mutua**
maestro:	-activo	-da instrucciones	-lector del texto
alumno:	-pasivo	-las realiza	-autor
ejemplo:	El maestro corrige las faltas del escrito, dando las soluciones correctas.	El maesto marca los errores y orienta la corrección; el alumno sigue las instrucciones.	Maestro y alumnos dialogan para mejorar y profundizar en el escrito.

El juego de roles descrito al principio se corresponde, obviamente, con el modelo activo-pasivo, en el que el alumno se convierte en un mero receptor callado del trabajo del maestro. En la fórmula de guía-cooperación, la responsabilidad queda más repartida, porque el alumno asume la tarea de reformular el texto. Pero no nos engañemos: en ambos casos quien está dirigiendo el proceso de trabajo es el maestro. Éste lee el texto, decide cómo debería ser (a partir de sus conocimientos o de lo que piense que debe ser un escrito ideal) y da instrucciones o corrige personalmente para conseguirlo.

En cambio, el modelo de colaboración mutua es el único que restituye la autoridad de la corrección al auténtico autor, el alumno. Los maestros no sabemos nunca con certeza qué es lo que el alumno quiere decir en su escrito, cómo quiere escribirlo, por qué, etc. En vez de presuponerlo y usurparle la iniciativa al alumno, debemos actuar como lectores respetuosos con el autor, pidiéndole aclaraciones y explicando qué es lo que no entendemos. Para Stelzer Morrow, este modelo es el único que respeta la propiedad intelectual del alumno -¡por decirlo de algún modo! y que permite colaborar mutuamente de una forma enriquecedora, sin que escribir pierda ninguno de sus encantos para ninguno de los colaboradores. (Regresaré sobre este planteamiento más adelante. V. págs. 22 y 56.)

En definitiva, el juego de roles -sea el que sea, pero especialmente el primero- condiciona tanto nuestro quehacer que casi parece imposible organizar la clase de otra forma. A principio de curso, mucho antes de que podamos decir nada, los alumnos presuponen que sus redacciones serán corregidas. Como maestros sabemos que nuestro trabajo incluye ineludiblemente esta tarea. Los colegas de otras asignaturas, los padres y todo el mundo esperan que lo hagamos.

¿Qué pasaría si un día afrontáramos esta sensación de inutilidad que nos invade y propusiéramos cambiar las cosas: hablar en vez de corregir, dedicar el tiempo de la corrección a otras tareas más rentables: hablar con los alumnos, preparar ejercicios...? ¿Nos lo imaginamos? No sólo tendríamos que explicarlo muy bien a los alumnos, sino que muy probablemente tendríamos que convencer a padres y colegas de que obramos con buena intención y que no estamos negligiendo nuestro trabajo. ¡Tan arraigadas están estas actitudes en nuestro sentido común o en nuestra organización escolar! ¡Y tan difíciles resultan de cambiar!

La revisión en el proceso de composición

El acto de escribir es uno de los focos de investigación en psicolingüística y didáctica de la lengua desde mediados de los años setenta. Estos estudios han descubierto las diversas estrategias cognitivas que utilizamos para escribir y han derribado algunos prejuicios que nos atenazaban: la imagen romántica del escritor buscando la inspiración en un paraje bello, o el tópico del periodista que se apresura a rellenar la página blanca para no extraviar el flujo de su pensamiento.

Escribir no es una habilidad espontánea como conversar. El escritor no redacta los textos a chorro, sino que los construye con trabajo y oficio: reflexiona sobre la situación de comunicación, apunta ideas, hace esquemas, redacta borradores, repasa pruebas. Mientras realiza operaciones, relee, corrige y reformula repetidamente lo que está escribiendo. O sea, que corregir o revisar forma parte del proceso de redacción, es un subproceso más al lado de otros, como buscar ideas, organizarlas o redactar. Escribir se asemeja a cualquier actividad compleja, como conducir o esculpir, que requiere saber servirse de varios utensilios para moldear el mármol o mover el coche. (Sobre el proceso de composición, véase Cassany, 1987; y Camps, 1990.)

Los escritores experimentados se diferencian de los aprendices por la forma como utilizan estos utensilios durante el acto de la escritura, por la manera como buscan ideas, hacen esquemas mentales, redactan, etc. Varios autores (Murray, 1978; Flower, 1989) afirman que en ningún otro punto son tan marcadas estas diferencias como en la revisión. Los autores expertos revisan más en cantidad y con más calidad. Revisar significa algo completamente distinto para los expertos y para los aprendices.

Algunas diferencias objetivas encontradas entre unos y otros son las siguientes (Cassany, 1987):

- Los expertos acostumbran leer o releer lo que escriben más veces que los aprendices, más del doble.

- Los expertos acostumbran corregir o retocar el texto más veces que los aprendices.
- Los expertos se concentran en aspectos de contenido y de forma según el momento, mientras que los aprendices solo atienden a la forma.

Estas diferencias son síntomas de algo más profundo: una concepción radicalmente distinta de lo que es y cómo se utiliza la revisión. El siguiente esquema de Flower (1989, primera edición) esboza los perfiles del autor aprendiz y del experto, respecto a la corrección:

DIFERENCIAS EN EL PROCESO DE REVISAR

	Aprendices	Expertos
Objetivo:	- La revisión sirve para corregir errores y pulir la prosa.	– La revisión sirve para mejorar globalmente el texto.
Extensión:	- Las revisiones afectan a palabras o frases sueltas. Cambios locales.	- Afectan a fragmentos extensos del texto, a las ideas principales. Cambios locales y globales.
	- La técnica más usada es tachar palabras.	
		- Tratan la revisión como una parte del proceso de desarollar y redactar ideas.
	- Piensan: *«Esto no suena bien»* o *«Esto es incorrecto»*.	
	- Revisan al mismo tiempo que leen el texto. Avanzan palabra a palabra.	- Deciden cómo revisar el texto: leyéndolo, reescribiéndolo, fijándose en problemas locales.
		- Tienen objetivos concretos y una imagen clara de cómo debe ser el texto.Durante la revisión, comparan esta imagen con el texto real.
	- Cuando detectan un problema, lo resuelven rápidamente.	- Cuando detectan un problema, dedican tiempo a diagnosticarlo y a planificar cómo pueden solucionarlo.

En resumen, los autores experimentados utilizan la revisión como un instrumento para mejorar globalmente el texto. Comparan reflexivamente los borradores reales con sus objetivos retóricos, identifican problemas, deciden una estrategia de corrección y actúan. Son muy selectivos: revisan el texto varias veces concentrándose en aspectos distintos en cada ocasión, para rentabilizar al máximo su trabajo. Al principio, en las primeras etapas de redacción, su centro de interés es el contenido (estructura, ideas claras, orden de exposición, cohesión de los párrafos...); cuando éste ya está claro, se dedican a los aspectos más superficiales de la forma: ortografía, puntuación, etc.

En cambio, para los aprendices constituye una operación mucho más simple y mecánica de limpieza superficial de la prosa. Leen el texto palabra a palabra y cuando detectan algún error lo corrigen inmediatamente: tachan, apuntan la solución nueva. Realizan cambios a niveles muy locales y superficiales (letras, palabras, frases), que afectan a cuestiones gramaticales.

Corrección tradicional y procesal

La crítica de los roles establecidos de maestro y alumno y la búsqueda de una nueva interacción, así como el análisis de la función de la revisión en la composición y del uso que hacen de ella los autores expertos, nos conducen inevitablemente a un enfoque nuevo de la corrección. La práctica tradicional de señalar con tinta roja las faltas de gramática debe sustituirse por técnicas más modernas que guíen al alumno hacia un uso individualizado e inteligente de la revisión. Podemos llamar *procesal* a este nuevo tipo de corrección, porque pone el énfasis en la enseñanza del proceso de reformular y mejorar un escrito.

El siguiente esquema compara las ideas fundamentales de la corrección tradicional con las de esta nueva concepción:

MODELOS DE CORRECCIONES

Corrección tradicional	**Corrección procesal**
1. Énfasis en el *producto.* Se corrige la versión final del texto.	Énfasis en el *proceso.* Se corrigen los borradores previos.
2. Énfasis en el *escrito.* Trabaja con los errores de los escritos de los alumnos.	Énfasis en el *escritor.* Trabaja con los hábitos del alumno.
3. Énfasis en la *forma.* Limpia la superficie del texto (ortografía, gramática, tipografía).	Énfasis en el *contenido* y en la *forma.* Primero ayuda a construir el significado del texto y después su expresión lingüística.
4. El maestro *juzga* el texto acabado.	El maestro *colabora* con el alumno a escribir
5. El alumno se acomoda al maestro. Hace y escribe lo que éste quiere.	El maestro se acomoda al alumno. Le ayuda a escribir *su* texto.

6. Norma *rígida* de corrección. La misma norma estándar para todos los alumnos y para todos los escritos.	Norma *flexible*. Cada alumno tiene un estilo personal de composición y cada texto es diferente.
7. Corrección como *reparación* de defectos como consecuencia de desconocer las reglas de gramática.	Corrección como *revisión* y *mejora* de textos, proceso integrante de la composición escrita.

Los dos tipos de corrección difieren sobre todo en los objetivos (puntos 1-3). La tradicional pretende erradicar las faltas de gramática. Su campo de trabajo es la forma de los escritos y se fundamenta en la esperanza -¡relativamente sólida, como hemos visto!- de que los alumnos no repetirán las incorrecciones que hayan sido detectadas. En cambio, la alternativa procesal aspira a modificar los hábitos de la composición. Trabaja con los sujetos mismos, con los alumnos, y pretende formarles como autores. De una forma metafórica, podríamos decir que la corrección tradicional vende pescado, porque lo que hace es solucionar los problemas puntuales que tiene un texto, mientras que la otra enseña a pescar, pues se plantea objetivos más ambiciosos y profundos, como desarrollar la autonomía de los alumnos para que puedan llegar a dominar la composición por su cuenta.

Como dice Frank Smith (citado por Zamel 1985), la propuesta tradicional se parece a la corrección de secretaria, porque sólo se preocupa de la forma. Efectivamente, cuando alguien corrige un escrito mecanografiado por la secretaria -¡o por el secretario!- se concreta exclusivamente en los aspectos formales, porque, como el texto ha sido dictado por otra persona, son los únicos que pueden ser enmendados. En cambio, la corrección procesal se parece más a la *corrección entre compañeros*. Cuando dejamos leer un texto a un compañero para que lo revise y sugiera mejoras, esperamos que se fije sobre todo en el contenido: que diga en qué está de acuerdo y en qué no, que nos indique los puntos poco claros, las ideas mal argumentadas, etc. No es que desestimemos las apreciaciones gramaticales o estilísticas que pueda hacernos, que también son importantes, sino que nos interesan más, y primero, las de fondo.

Otro grupo de diferencias entre los dos tipos de corrección hace referencia a los roles que tienen maestro y alumno (puntos 4 y 5). En el enfoque tradicional reproduce los roles rígidos y desiguales comentados antes (pág. 16). El profesor detenta el saber y la autoridad; el alumno le debe obediencia y respeto. El primero gestiona el trabajo del alumno y lo supervisa. En cambio, la corrección procesal se basa en el modelo de guía-cooperación de Stelzer Morrow (pág. 18). El maestro colabora como un lector experto y privilegiado con el alumno y le ayuda a crecer como *escritor*. Esto quiere decir que se adapta a las necesidades del alumno -¡y no al revés!: que analiza la forma que éste tiene de escribir, que decide cómo se puede potenciar su estilo, qué actividades pueden serle útiles, qué aspectos se tienen que corregir y cómo, etc.

El punto 6 merece un comentario especial. El hecho de que se haya podido establecer un perfil ideal del buen escritor (Cassany, 1987) puede hacer pensar que también en la corrección del proceso existe una norma única para todos. Es decir, que los alumnos tienen que adoptar dicho perfil y que la revisión se tiene que ceñir estrictamente a la misma norma. Al contrario, de la misma manera que cada uno tiene su propio carácter y una personalidad muy marcada, asimismo el proceso de composición de textos es personal e idiosincrásico.

Jensen y DiTiberio (1984) y Liebman-Kleine (1987) han estudiado las relaciones entre los estilos de composición y los principales signos del carácter de los humanos y han hallado correlaciones interesantes. Por ejemplo, parece ser que las personas extrovertidas prefieren técnicas como la *escritura a chorro* o la entrevista oral con los compañeros para generar ideas, mientras que los introvertidos acostumbran hacer listas y esquemas de una forma más reflexiva y menos impulsiva. En suma, los autores sostienen que hay muchas maneras de escribir, y que, por tanto, no debe haber una única forma de enseñar o de corregir. Hay que respetar estas importantes diferencias individuales y potenciar las capacidades personales.

Finalmente, el punto 7 hace referencia a la actitud que profesor y alumno tienen respecto a la corrección. Antes ya hemos hablado de esta cuestión. Ahora sólo quiero destacar la importancia que tiene el hecho de entender la revisión no sólo como la superación de las faltas e imperfecciones, sino como una operación global de mejora, refinamiento y profundización del texto (Chenoweth, 1987). La corrección es un proceso recursivo: no siempre constituye el estadio final de producción del texto, la conclusión; también puede actuar como un trampolín potente para saltar hasta nuevos horizontes inexplorados, para añadir ideas nuevas y recomponer el texto de los pies a la cabeza. Revisar o corregir puede transformarse en una actividad estimulante y creativa.

En cambio, utilizar exclusivamente la corrección para limpiar los defectos del texto, los errores cometidos por el alumno, es una extralimitación de sus funciones. Alumnos y profesores acaban temiendo y odiando la tarea. Los primeros porque ponen en evidencia sus lagunas y necesidades; los segundos porque tienen que asumir inevitablemente el trabajo de realizarla. Para ambos se convierte en algo aburrido y mecánico, sin sorpresas.

PREGUNTAS SOBRE LA CORRECCIÓN DE LO ESCRITO

«Todo lo que quieres saber sobre la corrección y nunca te atreviste a preguntar.»
Título de una famosa película

¿Qué es la corrección?

El Diccionario de la Real Academia de la Lengua Española ofrece la siguiente definición: «*Alteración o cambio que se hace en las obras escritas o de otro género, para quitarles defectos o errores, o para darles mayor perfección*». Según esta definición, el proceso de corrección consta de dos operaciones diferentes:

1. Búsqueda de defectos, errores o imperfecciones.
2. Revisión o reformulación de éstos.

La distinción entre búsqueda y reformulación de errores es importante por dos motivos. Como veremos más adelante, algunas técnicas de corrección proponen que el profesor solo se encargue de la primera operación y que sea el mismo alumno-autor del texto el que se responsabilice de la segunda. Por otra parte, es muy útil para distinguir la *evaluación* de la *corrección.*

Esos dos términos muy a menudo se confunden. Los maestros decimos y oímos: «Este fin de semana no puedo salir porque tengo que corregir exámenes», refiriéndonos a la tarea de leer y valorar un escrito para la evaluación de curso. Asimismo, muchos profesores acudían a mis seminarios sobre corrección pensándose que hallarían en él respuesta a sus inquietudes sobre evaluación: qué tipo de pruebas (un test de elección múltiple, un *cloze,* un dictado o una redacción) son más válidas o fiables, qué criterios (ortografía, estructura, léxico, etc.) tienen que tenerse en cuenta, qué baremos (analíticos o globales) deben emplearse, etc. El caso es que tanto en el habla cotidiana como en los conceptos teóricos, «corrección» y «evaluación» se superponen y no es fácil separarlos.

A grandes rasgos, se puede afirmar que «evaluación» se refiere a la primera operación de las citadas anteriormente. Evaluar un escrito significa emitir un juicio sobre sus características, desde un determinado punto de vista. Según los criterios que se consideren, se juzgará: su comunicabilidad, calidad verbal, corrección gramatical o, simplemente, su interés personal. El objetivo de la evaluación también varía: a principio de curso, diagnosticamos lo que saben los alumnos y lo que no saben para preparar la programación; al final de una lección, comprobamos si se ha asimilado lo enseñado (evaluación cíclica o de progreso); a fin de curso, decidimos si un alumno ha conseguido el nivel requerido (evaluación final o de nivel); etc.

Al margen de criterios y objetivos, para evaluar un texto hacemos su análisis detallado: identificamos los errores que contiene, consideramos los aciertos y lo valoramos como una unidad indisoluble. En ningún caso, la evaluación implica forzosamente la revisión del texto por parte del profesor o del alumno, o la búsqueda y la anotación de las soluciones correctas de los errores. La evaluación termina con la consecución del juicio o valoración. Lo que se hace con los datos que proporcione aquélla ya es otro tema.

La corrección se refiere precisamente a la utilización de estos datos, a la manera como se comunican al alumno, que es el principal interesado. El objetivo principal de corregir es que éste comprenda las imperfecciones cometidas y que las reformule, de manera que no se repitan en el futuro. Con este fin, se emplean técnicas y recursos variadísimos: marcas para identificar tipos de errores, uso de diccionarios, autocorrección, corrección entre alumnos, etc. Algunas cuestiones importantes sobre el tema son: ¿debemos informar sólo de los errores o también de las enmiendas correspondientes?; ¿cuál es el mejor momento para informar?; ¿cuál es la mejor manera: por escrito o con una entrevista, una vez al mes o con cada redacción?; ¿cómo debo marcar el texto?, etc.

Finalmente, «evaluación» es un concepto más genérico y amplio que «corrección» y lo incluye de alguna forma. Cualquier corrección implica una evaluación previa. No se puede reformular algo si antes no se ha analizado lo que está mal, lo que es reformulable. De ahí que la definición de la Real Academia incluya las dos operaciones citadas.

¿Vale la pena corregir?

Pocos profesores se plantean esta pregunta, aunque sea fundamental y previa a cualquier otra. La mayoría corregimos espontáneamente, como autómatas, sin pensar en el porqué o el cómo. Lo hacemos así por tradición, porque forma parte de nuestro rol de maestro, porque no conocemos a nadie que no lo haga y porque no parece que se pueda hacer de otra manera.

Además, si reflexionamos un poco sobre ello, encontraremos argumentos importantes para hacerlo. Desde siempre, se ha considerado la corrección como la culminación del aprendizaje, porque es justo cuando profesor y alumno intercambian opiniones sobre el trabajo que ha hecho el segundo. Esto es útil para ambos. Al alumno le permite saber si sus escritos están bien o mal, qué errores ha cometido y cuáles son sus soluciones correctas; incrementa su conciencia sobre el propio proceso de aprendizaje. Al profesor, le da orientaciones para preparar las clases: qué contenidos presentan dificultades, qué actividades son más provechosas, qué alumnos siguen bien el ritmo del curso y cuáles no, etc.

Pero no todo el mundo piensa igual. En los últimos años algunos profesores -sobre todo de inglés como lengua extranjera- han empezado a desentenderse de la corrección, afirmando que es una actividad poco útil y, desde luego, poco rentable. En primer lugar, sostienen que lo más importante en el proceso de aprendizaje es la motivación y el *input* (los modelos lingüísticos para escuchar o leer), y que los errores que hacen los alumnos son consecuencia de deficiencias en estos dos aspectos (Krashen, 1985). De ahí que su preocupación esencial sea dar al alumno un *input* suficientemente rico y motivador. Emplean sus esfuerzos en estimularle a leer y escribir, en investigar qué temas pueden resultarle más interesantes, a buscar textos de lectura y ejercicios que le interesen, a ayudarle a redactar, etc. Creen que, a largo plazo, es más eficaz dedicar el tiempo a estas actividades que no a la corrección.

En segundo lugar, también comentan que el alumno no aprovecha la corrección la mayoría de las veces y que suele caer en los mismos errores. Sea porque no lee las marcas o los consejos que ha escrito el profesor, sea porque no le interesan, porque no los entiende o, si no, porque los olvida con facilidad, el caso es que suele repetir en trabajos posteriores los mismos errores que nos hemos cansado de corregir. ¡Esto lo hemos podido comprobar y sufrir un montón de veces! Y también ha sido demostrado y argumentado «científicamente» con ejemplos reales (Sommers, 1982; y Zamel, 1985).

En definitiva, estos profesores prefieren -según dicen ellos mismos- aprovechar el tiempo para atacar la auténtica causa del mal (las lagunas en el *input* y la *motivación*) y dejar a un lado los síntomas superficiales de éstos (los errores). Una anécdota sarcástica al respecto -¡y que cuento sin mala intención!- es la de un profesor de lengua extranjera que, llevando estos planteamientos al extremo, pasaba a limpio las redacciones de sus alumnos respetando los errores que habían cometido; al ver la gran cantidad de faltas, un colega le preguntó: «Muy bonito, pero... ¡están llenas de faltas de ortografía!», a lo cual respondió el profesor: «Ah, ¿tú aún dedicas tiempo a corregir los errores?»

Desde un punto de vista más teórico, *conductistas* y *mentalistas* mantienen posturas opuestas sobre la corrección de errores (Hubbard *y cols.*, 1985). Para los primeros, la corrección es imprescindible. El aprendizaje de la lengua se realiza como el del resto de comportamientos sociales: con estímulos que provocan respuestas y con refuerzos positivos («*¡muy bien!*», «*¡fantástico!*») o castigos («*mal*», *«no está bien»*) que las valoran. Los errores son síntomas de fracaso en el aprendizaje y han de ser corregidos drásticamente, porque podrían crear hábito y el alumno los podría repetir indefinidamente. Asimismo, las producciones correctas deben ser premiadas para que el alumno tenga interés en repetirlas y, de este modo, se consoliden en su memoria.

Los segundos, seguidores del lingüista generativista Noam Chomsky, sostienen que los humanos tenemos una capacidad innata para adquirir la lengua. Disponemos de un mecanismo de adquisición lingüística (LAD: *language adquisition devise*) que nos permite inferir la estructura de la lengua a partir de los textos que escuchamos y leemos. Los errores que cometemos significan simplemente que el LAD está trabajando, formulando hipótesis sobre la lengua y que no tiene suficientes datos. Los errores son inevitables y no son necesariamente perniciosos para el aprendizaje. Al contrario, es una parte normal del proceso de desarrollo de competencia (el alumno infiere la regla –la comprueba– se equivoca – la reformula...) y, por esto, no es tan importante ni imprescindible corregirlos.

Esto a la vista, sería fácil asociar los conductistas con los «correctores» y los mentalistas con el resto, pero se simplificaría demasiado la cuestión. La polémica entre conductistas y mentalistas pertenece a la historia de los años setenta y no agota los planteamientos teóricos sobre la cuestión. Como ya hemos visto, la psicología cognitiva puede hacer aportaciones interesantes e innovadoras. Por otra parte, no todos aquellos que consideran importante corregir son conductistas, o viceversa. ¡La mayoría no hemos tomado partido por ninguna teoría!

¿Ydespués de todo esto, qué? ¿Es preciso corregir? ¿Es más sensato no hacerlo? ¿Qué hacemos? Cada cual con sus ideas y que adopte la postura que más le guste o convenga. En mi opinión, la corrección puede -¡debe!- ser un instrumento eficaz para el aprendizaje si se sabe utilizar con inteligencia. Es preciso concebirla como una técnica didáctica más (variada, flexible y, también, prescindible) y no como una operación de control obligatoria al final de cada texto. Es una actividad que puede realizarse de maneras muy distintas (individual, en grupo, por parejas, con profesor, sin profesor, etc.), que puede ser divertida e incluso entusiasmadora, que puede ser activa y motivante, que puede implicar al alumno y, en definitiva, responsabilizarle de su propio aprendizaje. Creo que buena parte del éxito se halla en conocer técnicas variadas de corrección y en saber utilizarlas en el momento preciso con las personas adecuadas.

Por ejemplo, hay chicos y chicas que quieren ser corregidos y otros que no; y no es cuestión de si hacen muchas faltas o pocas. Los primeros están acostumbrados a ser corregidos y necesitan que los profesores les corrijan para aprender. Les gusta repasar los comentarios del tutor, ver dónde se han equivocado, dónde han acertado, y apuntar o memorizar los errores cometidos para no repetirlos en el futuro. Saben trabajar con la corrección y sacar provecho de ella.

En cambio, también hay alumnos que no prestan atención ninguna: cuando se les devuelven las redacciones corregidas, echan un vistazo a la hoja para ver la nota (un 3 o un 6, un REGULAR o un SUFICIENTE) o para sopesar si hay mucha «tachadura roja» o poca, y seguidamente la guardan con el resto de ejercicios realizados. ¡Qué frustración tan grande sentimos los maestros cada vez que ocurre esto! En este caso, a los chicos y chicas no les interesa la corrección; quizá les aburra, quizá no sepan cómo aprovecharla o, simplemente, quizá prefieran aprender por otros caminos (leyendo, estudiando gramática, haciendo ejercicios...). Creo que cada uno tiene derecho a querer aprender y a aprender a su manera.

Dada esta situación, lo mejor que podemos hacer es continuar corrigiendo a los alumnos que lo aprovechan y buscar fórmulas nuevas para los desinteresados: hablar con ellos e intentar fomentar su motivación, proponer ejercicios con los que se pueda comprender la importancia de la corrección, ejercicios para aprender a autocorregirse, trabajar con parejas mixtas de modo que los alumnos «correctores» puedan mostrar sus habilidades al resto, etc. En la tercera sección del libro se proponen algunas técnicas que pueden ser útiles para estos casos. Y en última instancia, si no conseguimos despertar el interés, ¿no es preferible dedicar menos tiempo a la corrección y más a las otras actividades que sí que interesan y que pueden ser tan útiles como ésta?

¿Qué objetivos tiene la corrección?

Reconozco que, fiel seguidor de mi rol establecido de maestro-corrector, me he pasado muchos años señalando errores a ciegas, sin saber exactamente para qué lo hacía. Que corregir forme parte de nuestros atributos y obligaciones nos ahorra el pensar por qué lo hacemos y qué pretendemos con ello. Al fin y al cabo, ¡tenemos que hacerlo! ¿Para qué vamos a reflexionar al respecto...? Pero si nos paramos a pensar un poco podemos encontrar muchas preguntas interesantes:

Tenemos una veintena de redacciones delante de nosotros y las estamos corrigiendo: ¿qué queremos decirle al alumno?; ¿qué queremos que haga con esta información?; ¿que repase y reescriba de nuevo su texto?; ¿quizá sólo pretendamos informarle, o nos gustaría que se concentrara en un punto importante del texto? Difícilmente conseguiremos una corrección eficaz si no nos hemos planteado previamente estas cuestiones. La primera regla de oro para rentabilizar nuestro trabajo es definir la utilidad didáctica que vamos a darle. He aquí algunos objetivos posibles de la corrección:

OBJETIVOS DE LA CORRECCIÓN

1. Informar al alumno sobre su texto.
1.1. Darle una impresión global.
1.2. Darle información precisa sobre algún aspecto concreto (ortografía, léxico, gramática, originalidad, etc.).
1.3. Marcarle los errores que ha cometido.
1.3.1. Darle las soluciones correctas a estos errores.
...

2. Conseguir que modifique su texto.
2.1. Darle instrucciones generales para mejorarlo.
2.2. Darle instrucciones precisas para reformular un punto.
2.3. Darle instrucciones para que corrija las faltas.
...

3. Que el alumno mejore su escritura.
3.1. Que aprenda de los errores que ha cometido.
3.2. Que aprenda de la valoración general que ha hecho.
3.3. Que el alumno aprenda gramática y ortografía.
...

4. Cambiar el comportamiento del alumno al escribir.
4.1. Desarrollar sus estrategias de composición.
4.2. Incrementar conciencia sobre el mismo.
4.3. Aprender técnicas nuevas de redacción.
4.4. Profundizar sobre un tema.
...

Estos objetivos están agrupados de más concretos a más generales y no son excluyentes ni completos ni permanentes. Pueden variar de una corrección a la siguiente, sobre todo los primeros, los más concretos. Para una redacción puede bastar la valoración global (1.1.), mientras que otro trabajo puede requerir una o dos reformulaciones concretas (2.2.). En cambio, es más difícil variar los objetivos más generales (números 3. y 4.). Quien se plantea desarrollar las estrategias de composición del alumno (4.1.) está buscando una corrección mucho más profunda e individualizada que quien pretende enseñar ortografía (3.3.). Además, las técnicas también varían: para el número 2 daremos instrucciones escuetas; para el número 4 hablaremos con el alumno, etc. Y tú, ¿qué te planteas cuando corriges? ¿Lo tienes siempre claro y decidido?

Decidir qué objetivos didácticos tiene la corrección es el primer paso para construir una práctica eficaz. Si sabemos dónde queremos llegar es mucho más fácil decidir qué haremos (qué corregiremos), cómo (procedimiento), cuándo y con qué (técnicas, actividades...). Sin saber nuestro destino, es mucho más difícil escoger un camino y un medio de transporte.

¿Qué errores es preciso corregir?

Es la cuestión que más suele preocupar a los maestros de lengua. Se le relacionan temas polémicos como el modelo de lengua estándar y académico, las necesidades terminológicas generadas por los adelantos tecnológicos, las interferencias en otros idiomas, etc. Se convierte en una de las preguntas más delicadas.

Tradicionalmente, se ponía el énfasis en corregir la oración y la forma del escrito, en oposición al texto completo y su contenido. En Catalunya, por ejemplo, los puntos más susceptibles de corrección han sido los de la normativa gramatical: la ortografía, la morfología, la estructura sintáctica de la oración, la genuinidad léxica (barbarismos), etc. Las causas de este interés selectivo por la forma son de orden sociolingüístico y didáctico. Por una parte, el déficit general de conocimiento de la propia lengua y la interferencia lingüística constante con el castellano provocan que los alumnos tengan graves problemas en estos apartados. Por otra, la formación tradicional en gramática prescriptiva y oracional que hemos recibido los profesores nos ha dado una especial sensibilidad -y, en algunos casos, incluso una obsesión- para estas cuestiones.

A partir de los años cincuenta, varios estudios sobre lingüística textual y sobre evaluación de la composición escrita aportan una nueva y más amplia perspectiva del tema. Los primeros investigan las reglas lingüísticas que regulan la construcción de textos (Bernárdez, 1982). Los segundos elaboran baremos detallados para la evaluación de lo escrito (*Junta Permanent de Català*, 1986). Ambos añaden a los puntos anteriores una lista nueva que tener en cuenta. Por un lado, proponen aspectos formales que se escapan del ámbito de la oración: la cohesión entre las frases (enlaces, anáforas...), la selección del registro, la disposición del texto escrito en la hoja, etc. Por otra parte, también tienen en cuenta otras cuestiones relacionadas con el contenido del texto: la claridad de exposición, la selección adecuada de la información o la organización lógica de las ideas.

El siguiente esquema muestra los diversos aspectos que se pueden corregir:

NORMATIVA
- Ortografía.
- Morfología y sintaxis.
- léxico (barbarismos, precisión...).

COHESIÓN
- Puntuación (signos, mayúsculas...).
- Nexos (marcadores textuales, conjunciones...).
- Anáforas (pronombres, sinónimos, hiperónimos, elisiones...).
- Otros (verbos, determinantes, orden de los elementos en la frase...).

COHERENCIA	• Selección de la información (ideas claras y relevantes). • Progresión de la información (orden lógico, tema/rema...) • Estructura del texto (partes, introducción, conclusión...). • Estructura del párrafo (extensión, unidad...).
ADECUACIÓN	• Selección de la variedad (dialectal o estándar). • Selección del registro (formal/informal, objetivo/subjetivo...). • Fórmulas y giros estilísticos propios de cada comunicación.
OTROS	• Disposición del texto en la hoja (cabecera, márgenes...). • Tipografía (negreta, cursiva, subrayado...). • Estilística (complejidad sintáctica, repetición léxica...). • Variación (riqueza de léxico, complejidad sintáctica...).

Asimismo, también podemos hacer una lista con los aspectos que no se suelen corregir por motivos variados (éticos, no son objetivo de aprendizaje, son muy difíciles):

- Caligrafía (inteligibilidad, estilo, belleza...).
- Opinión (ideología, postura a favor o en contra, actitud...).
- Estilo (gracia personal, elegancia...).
- Grado de interés (originalidad, sorpresa...).

Zamel (1985) y Sommers (1982) hacen algunas críticas interesantes sobre nuestros hábitos de corrección, después de analizar muchas correcciones efectuadas por maestros. Afirman, en primer lugar, que tenemos tendencia a concentrarnos en los aspectos más superficiales y locales del texto (puntuación, normativa, una frase sin sentido, etc.) y a descuidar aspectos más básicos y globales (coherencia, registro demasiado formal, etc.). O sea, que somos muy rigurosos con la forma de los textos -¡no dejamos pasar ni una!- mientras a menudo hacemos la vista gorda con los errores de fondo, los que afectan al contenido.

Según las dos autoras, esta costumbre perjudica a los alumnos, porque les transmite la idea de que los errores gramaticales son los únicos que tienen valor. El alumno que solamente reciba incorrecciones gramaticales se dedicará exclusivamente a trabajar la forma y olvidará el significado del texto: se despreocupará de desarrollar las ideas, de valorar si lo que dice es original y claro, etc. Sin embargo, hay que añadir, en defensa nuestra, que no es nada fácil corregir las cuestiones referidas al contenido. Por una parte, requieren mucha más dedicación que las de forma; es obvio que identificar los errores de estructura de un texto, aislar una idea poco clara o rectificar un párrafo mal construido son operaciones mucho más costosas que tachar un error de ortografía o de puntuación. Además, nunca nadie nos ha enseñado cómo hacerlo y hay pocos libros, o ninguno, que lo expliquen.

En segundo lugar, las dos profesoras sostienen que con frecuencia las correcciones son vagas, contradictorias y poco operativas, de manera que desorientan al alumno, que no acaba de entender qué tiene que hacer con ellas. Por una parte, si se analizan uno a uno, muchos de los comentarios que se hacen son sumamente generales: no especifican qué puntos fallan y es necesario corregir. Sommers transcribe incluso algunos comentarios de maestros, anotados en redacciones, que no se refieren a ningún aspecto concreto del texto y que, de hecho, son intercambiables con otros escritos.

Por otra parte, las anotaciones de un mismo escrito pueden ser incoherentes entre sí. La misma autora también ha comprobado que las marcas hechas entre líneas o al margen, que suelen referirse a aspectos puntuales de la forma, contrastan a menudo con los comentarios más extensos que se escriben al final del texto, que suelen ser reflexiones generales sobre el escrito; o sea, que no tiene sentido aplicar ambas a la vez.

Por ejemplo, las primeras destacan las faltas de gramática o la ambigüedad de alguna frase, mientras que los segundos sugieren que un determinado párrafo es demasiado sencillo y que tendría que desarrollarse más. Leyendo estos comentarios es muy posible que el alumno dude de lo que tiene que hacer para mejorar su escrito: ¿tiene que corregir las faltas, tiene que rehacer la frase o tiene que desarrollar el párrafo? Y seguramente no se dará cuenta -¡como tampoco se ha dado cuenta el maestro!- de que el comentario final elimina las marcas entre líneas: si se amplía el párrafo posiblemente desaparecerá la ambigüedad de la frase y es probable que también cambie el tipo de errores gramaticales.

Finalmente, el modelo de corrección que seguimos los maestros no es unívoco ni homogéneo. Sabemos que la normativa tiene lagunas y puntos conflictivos (uso de los pronombres -leísmo, laísmo, loísmo-, pronombres relativos, conjunciones, etc.), que no siempre se resuelven del mismo modo en las publicaciones. Además, determinados aspectos, como la adecuación o la coherencia, son muy subjetivos y dependen, con frecuencia, de las preferencias de cada uno. Todo esto hace que los maestros tengamos criterios diferentes a la hora de corregir un mismo escrito y, también, que los alumnos estén expuestos a correcciones variadas e incluso incongruentes. Quizá podamos recordar a algún alumno que un día nos preguntó, irritado, por qué corregíamos aquello si otro profesor no lo hacía, o por qué utilizamos tal palabra si hay que utilizar otra.

Como ejemplo de proceso de corrección, vamos a ver lo que ocurrió entre Núria, una niña catalana de 7º de EGB, y su maestro. Ella escribió una redacción sobre una pelea entre animales y después siguió las instrucciones de su maestro sobre el texto:

- Describir una pelea entre dos animales
- Estos son unos de mis peces se pelean mucho y ja no se que hacer uno se va comiendo la cola de los demas y es el que vive más, y cuando esta muerto se lo va comiendo, jo le digo el pez mas furioso "el pez carnivoro" y cuando les tiro la comida el va haciendo lado para el y cuando està en el sitio adecuado per a el va y pellisca en la cola a uno que es de la misma raza, pero más pequeño pero no es carnivoro.

Cuando tenia un de grande que era así no la habría nada a él le tenia mucho miedo cuando marche de vacaciones les di una grande pastilla y cuando volvi el pez ja se habia muerto y el pez carnivoro se empezo a comer la cola de los demás.

R

Está poco ordenada esta descripción. Da la sensación de que has corrido mucho.
Escribe una frase con cada falta.

En el mar no hay muchos peces
Tengo más cromos
Haciendo arrós me he quemado
Él cuenta así: uno, tres, nueve
Ellos son de la misma raza, son seters
pero es carnivoro
Soy el pequeño de la clase
Hacia tanto tiempo que no la veía
Tengo 3 pastillas de jabón de olor limón y además 2 caramelos

Describir una pelea entre dos animales

Estos son unos de mis pezes se pelean mucho y ja no se que hacer uno se va comiendo la cola de los demas y es el que vive mas, y cuando esta muerto se la va comiendo, jo le digo el pez mas furioso "el pez carnívoro" y cuando les tiro la comida el va aziendo lado para el y cuando està en el sitio adecuado per a el va y pellisca en la cola a uno que es de la misma rassa mas pequenyo però no és carnivoro.

Cuando tenia un de grande era así no la asia nada a el le tenia mucho miedo cuando marche de vacaciones les di una grande passtilla y cuando volvi el pez ja se habia muerto y el pez carnívoro se empezo a comer la cola de los demás.

Está poco ordenada esta descripción. Da la sensación de que has corrido mucho. Escribe una frase con cada falta.

En el mar no hay muchos peces

Tengo más cromos

Haciendo arrós me he quemado

El cuenta asi: uno, tres, nueve

Ellos son de la misma raza, son seters pero es carnivoro

Soy el pequeño de la clase

Hacía tanto tiempo que no la veía

Tengo 3 pastillas de jabón de olor limón y además 2 caramelos

Vamos a comentar sólo la interacción maestro-alumno (para un análisis lingüístico detallado de una redacción, véase *Puntuar un escrito*, pág. 86). En mi opinión, lo más defectuoso del texto es la coherencia y la puntuación. La mezcla de informaciones y el desorden, además de la ausencia total de puntuación (sólo hay un punto y aparte), nos obligan a tener que «descifrar» el escrito para entenderlo. Respecto a la gramática, muchas de las faltas ortográficas (*ya, yo, està, és, pequenyo...*) y léxicas (*digo/llamo, un/uno*) son interferencias con el catalán (Núria tiene el castellano como segunda lengua).

En la corrección, el maestro califica el texto con una R de regular y realiza dos tipos de señales: enmiendas de algunos errores, escritas encima de cada palabra o en la línea, y un comentario final. Las enmiendas afectan sobre todo a la ortografía (*pezes, aziendo, asia, rassa...*; algunos acentos) y a dos cuestiones sintácticas (líneas 12 y 14: añadir *pero* y *que*, respectivamente). Me parece comprensible y hasta adecuado que sólo haya marcado algunas faltas: ¿de qué serviría corregirlo todo? La alumna no puede aprender todos los errores a la vez y una corrección exhaustiva resultaría contraproducente (ver pág. 41). En cambio, no sé con qué criterios se han escogido las faltas marcadas. ¿Quizás la gravedad, los errores que llegan a desfigurar la palabra y a impedir que el lector la identifique (*asia, aziendo, rassa...*)? También es posible que la selección esté relacionada con la programación de curso y lo que la alumna estudió inmediatamente antes de escribir este texto.

El comentario final destaca la falta de orden y la poca elaboración global del escrito. Tiene equivocada la denominación del tipo de texto (*descripción* por *narración*), e incluye una instrucción concreta y clara para escribir frases con las palabras que contienen faltas. Las 8 frases resultantes solucionan los errores cometidos (con algún cambio: *demás* por *además*), pero incluyen otros nuevos. Además, tienen poco sentido y poca o ninguna relación con la redacción original. Seguramente Núria las realizó mecánicamente y con rapidez.

A mi juicio, el defecto más importante de la corrección es su negligencia de los aspectos más profundos del texto (coherencia, información, estructura). El comentario final sobre el orden y la «sensación de que has corrido mucho» es muy insuficiente. No hay instrucciones para rectificar ni tampoco se ha marcado nada en el texto al respecto. Lo único que se ha corregido y lo único que se pide que se reescriba son los errores de ortografía. ¿Qué va a entender Núria? ¿Qué es lo que sus conocimientos de 7º de EGB le van a permitir comprender? Entenderá que, al margen del ambiguo comentario sobre el orden, la ortografía es lo único importante, lo que cuenta, lo que debe cuidar en redacciones siguientes. De forma inconsciente, la corrección le está alimentando la idea de que sólo debe poner atención a la forma.

¿Por qué sólo se corrigen los errores de un texto?

Piensa un momento en tu manera de corregir, en las últimas redacciones que has corregido. ¿Qué señalas al alumno, los aciertos o los errores? ¿Atiendes tanto a los aspectos positivos como a los negativos? ¿Tienes en cuenta el impacto que causará tu corrección, lo que sentirá o pensará el autor? ¿Qué redacciones merecen más comentarios, las buenas o las deficientes? ¿Incluyes algún comentario alentador para el alumno?

Una palabra que utilizo a menudo para calificar la corrección es *crueldad.* Creo que nuestras correcciones son crueles la mayoría de las veces, porque sólo se fijan en los aspectos negativos de la escritura: las faltas y los defectos. Comentamos el trabajo de los alumnos y nos concentramos únicamente en lo que se debería mejorar, en los errores que se han escapado, en lo poco que se ha elaborado el texto. Adoptamos un punto de vista claramente negativo.

Llevando este comportamiento al extremo, llegamos a situaciones absurdas. La redacción más comentada y marcada, la que contiene más errores, es la que probablemente pertenecerá a uno de los alumnos con más problemas de redacción, con poca motivación y menos confianza. Nuestra corrección ayudará nada o poco a enderezar esta situación. Asimismo, la mejor corrección posible es la ausencia de señales y comentarios, la ausencia de errores (pero el alumno competente al que quizás pertenecerá el texto también tiene derecho a mejorar y a tener anotaciones nuestras). En cualquier caso, partimos siempre de la base de que el texto o el alumno son culpables, que tendrán faltas, y sólo aceptamos su inocencia *a posteriori.*

He intentado analizar varias veces las raíces de este hecho, pero me pierdo en suposiciones personales. No me atrevo a imaginar que una necesidad escondida nos impulse a demostrar nuestra autoridad poniendo el dedo en la llaga de los errores, como si quisiéramos dejar claro en todo momento quién manda en el aula. También puede ser que nuestra pobre concepción de la revisión -reciclada con prisa- contenga aún vestigios arraigados de antigüedad, de cuando la corrección era simplemente una limpieza general de la superficie textual.

En cualquier caso, creo que deberíamos hacer un esfuerzo para dar un tono más constructivo a la corrección. Valorando lo positivo al lado de los errores, adoptamos un punto de vista más neutro, somos más imparciales y le ofrecemos una valoración más justa al alumno. Se aprende tanto de los errores como de los aciertos. Y para el autor del texto es muy gratificante saber qué es lo que se ha hecho bien.

Una técnica que acostumbro utilizar con mis alumnos es la de destacar en el texto los aspectos positivos (con el signo de sumar +) y los mejorables -¡que no negativos!- (con el signo de restar —). Intento que cualquier texto tenga dos o tres + e igual número de —), de manera que su autor tenga puntos suficientes para valorar los puntos más conseguidos del texto y los más débiles. El siguiente ejemplo comenta la redacción de la página. 34:

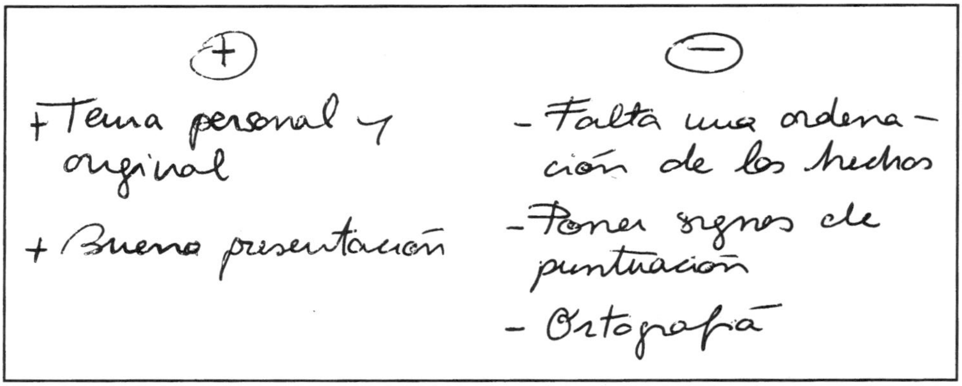

Otra idea más extendida es la de acompañar la corrección con alguna frase alentadora sobre el trabajo realizado -pero ojo con los comentarios paternalistas que tratan al alumno como niño y no como persona. Más recursos para fomentar una corrección optimista y constructiva:

- Marcar sólo las cualidades del texto. Poner énfasis en lo que se ha hecho bien.
- Escaparse de la dualidad positivo-negativo. Evitar los juicios absolutos:
  - Describir el texto con adjetivos o un comentario, oral o escrito.
  - Preguntar al alumno sólo lo que no se entiende en el texto: ¿Qué quieres decir con...? ¿Qué significa...? No entiendo esta palabra, etc.
  - Dialogar con el alumno sobre su escrito.
- Pedir al alumno que lea redacciones de compañeros y que las compare con la suya.

Las últimas propuestas nos introducen en una concepción muy humanista de la corrección y en las entrevistas maestro-alumno (ver pág. 105)

¿Qué textos es preciso corregir?

Hasta hace muy poco, maestros y correctores en general se interesaban exclusivamente por el *producto* escrito, o sea, por la versión definitiva del texto. Cualquier ejercicio de corrección, traducción o reelaboración de escritos utilizaba la versión final como punto de partida. Pero las investigaciones sobre la escritura han descubierto que es mucho más rentable concentrarse en la corrección de los borradores o de las versiones inacabadas e intermedias del texto, porque de esta forma la corrección del profesor se equipara a la propia revisión del texto que realizaría el alumno por su cuenta. En Cassany (1987) se citan algunas investigaciones científicas que demuestran que los alumnos mejoran su escritura si se les corrige durante el *proceso* de composición, antes de dar el *producto* textual por acabado.

Podemos añadir razones más prácticas. Todos sabemos que rehacer de nuevo algo terminado produce mucha pereza. No gusta a nadie tener que reescribir un texto que ya ha sido pasado a máquina porque haya errores o por cualquier otro motivo. Les pasa lo mismo a nuestros alumnos: ¿cuántos hay que rehagan los textos, escritos días o semanas antes, a partir de las correcciones que hacemos los profesores? ¿Qué sentido tiene, si el ejercicio ya está hecho, y si el profesor ya ha puesto otro? Al contrario, si se corrigen los borradores o las pruebas, estos problemas desaparecen. El alumno reescribe el texto sin apatía, se interesa por las correcciones y las aprovecha, porque aún no ha elaborado definitivamente el texto.

La siguiente lista recoge todos los tipos de texto que se escriben durante la composición del texto y que se pueden corregir:

	- Lista de frases (lluvia de ideas, palabras, frases...).
	- Esquemas (grupos de ideas, estructuras ..).
PROCESO	- Escritura libre (primer borrador , transcripción de ideas...).
	- Borradores (fragmentos de muestra, pruebas...).
	- Producto acabado (versiones finales...).

La calidad de la corrección varía según el texto y el momento de la composición. Igual que trabajan los escritores, que se concentran en aspectos diferentes en cada escrito, la corrección también tiene que variar. En las listas, esquemas y primeros borradores, el autor se concentra en la elaboración del significado del texto y, por tanto, la corrección se tiene que basar exclusivamente en el contenido: coherencia, planteamiento del texto, información relevante, estructura. En cambio, en los borradores completos o versiones casi finales, se dedica a revisar la prosa, la superficie del texto, de manera que la corrección ahora también se tiene que concentrar en estos aspectos (pág. 54.).

Creo que una corrección que no considere estas premisas puede perjudicar seriamente al alumno, porque distorsiona el flujo espontáneo de la composición, e indirectamente revalora en exceso algún aspecto del texto. Por ejemplo, si se corrige indistintamente la normativa en todos estos tipos de texto, obligamos al autor a fijarse en la forma incluso en aquellos momentos en que no es necesario, hasta el punto de negligir el desarrollo del contenido.

Pero no es tan fácil trabajar con textos intermedios de la composición. Los alumnos están acostumbrados a mostrar sólo los escritos que ya se han terminado y a tirar el resto de ensayos a la papelera. La escolarización les ha enseñado a presentar sus trabajos limpios e impecables, de manera que se resisten a enseñar papeles con tachaduras, manchas, faltas de ortografía, lagunas, dibujos, etc. Ysi lo hacen sienten una gran vergüenza e intranquilidad, porque piensan que serán juzgados por estas faltas.

Nuestro trabajo sobre la corrección debe cambiar estas actitudes, para que maestros y alumnos aprendamos a trabajar con borradores. Se debe desarrollar la confianza necesaria para mostrar los escritos inacabados a nuestros compañeros, perder la vergüenza de que se nos descubra una falta o una idea, o de que se nos critique. Un alumno que en su vida ha visto el borrador inicial de una versión posterior acabada, puede descubrir que los autores famosos también necesitan trabajar sus escritos -como él o ella- para conseguir los textos que tanto gustan.

El proyecto de escritura de la ciudad de Nueva York (New York City Writing Project) sugiere ideas interesantes para trabajar los borradores en clase:

- Anima a los alumnos a guardar los borradores. Se pueden leer, estudiar, analizar, etc. Anímales a intercambiárselos para comparar las estrategias de revisión que utilizan.
- Trae a clase borradores, galeradas corregidas y versiones finales de escritos y autores famosos. Se puede comparar un borrador con su producto acabado correspondiente, para analizar el proceso de mejora y desarrollo del texto.
- Aprovecha tus propios borradores para la clase. Muestra tu trabajo de escritura. Los alumnos pueden sorprenderse de descubrir que su profesor realiza escritos tan «torpes» al principio y que luego es capaz de reformularlos y conseguir textos satisfactorios.
- Fija algunas copias de borradores en la pared para que los alumnos se acostumbren a verlos y leerlos, como si fueran cuadros de una exposición.
- Compara el acto de escribir al de dibujar o realizar un trabajo de plástica. También se hacen «borradores» de dibujos o esculturas (estudios, esbozos, preparación, etc.), que son admirados socialmente (los vemos en exposiciones, museos, etc.). Incluso puedes presentar a los alumnos algunos bocetos de cuadros como ejemplo. (Ver dibujo.)

Un día en un cursillo de perfeccionamiento de la redacción que daba para maestros, propuse a mis alumnos comentar un viejo escrito mío, de hacía algunos años. Confesé que, a medida que pasaba el tiempo y que mi escritura mejoraba, me sentía más alejado de aquel texto y que, a cada comentario, descubría en él nuevos "errores" o limitaciones que me avergonzaban.

Entonces una alumna dijo: "¡Qué alivio! Esto me da esperanza para mejorar." Sonreí y le pedí que aclarara su comentario. Explicó que sus maestros nunca le habían contado que también ellos necesitaban aprender a escribir, o que también tenían dificultades.Siempre se habían presentado como unos redactores completos y sin lagunas. El hecho de que su profesor reconociera sus propios errores, o que mostrara como había mejorado con el tiempo, le daba confianza para su propio aprendizaje.

Ejemplo de bocetos que se pueden presentar y comentar en clase

¿Es preciso corregir todos los errores del texto?

Está claro que si nos procuramos una buena cantidad de rotuladores y corregimos todos los aspectos que hemos mencionado antes, lo primero y único que conseguiremos será llenar de rojo las redacciones y desanimar a sus autores hasta límites insospechados, como dice la cita que encabeza este libro. Pero, por otra parte, si, influidos por este pensamiento, decidimos ser benévolos y corregir sólo los más importantes, ¿no estamos engañando al alumno, de alguna forma, dándole a entender que hace pocas faltas y que, en definitiva, escribe bastante bien? Así pues, ¿qué tenemos que hacer? ¿Es preciso corregirlo todo o no?

En primer lugar, los maestros de lengua debemos confesar con humildad que un extraño tic nos arrastra a corregir cualquier error que veamos escrito. Cuando leemos el trabajo de un alumno, la mano, armada con rotulador, se nos escapa espontáneamente hacia las faltas. Por este motivo, hay que recordar que es muy diferente corregir trabajos de alumnos o textos que tienen que ser publicados. En nuestro caso, una corrección minuciosa y exhaustiva no tiene ningún sentido, porque los escritos nunca serán difundidos y, también, porque se sabe que son textos de aprendices y comprendemos y aceptamos que pueda haber imperfecciones.

Por otra parte, muchas veces el alumno no puede asimilar a la vez un número muy elevado de correcciones, todas las que hemos encontrado en el texto. ¿Qué alumno principiante puede acordarse de quince o veinte faltas cometidas en un texto de 200 palabras? Habrá errores demasiado difíciles para su nivel, otros que se tratarán en lecciones venideras, algunos de poca importancia; y, al final, siempre aparece la capacidad limitada de las personas de aprender o recordar varias cosas a la vez.

Pero esto no significa, también está claro, que sólo tengamos que corregir aquello que sea comprensible y conocido del alumno. Si así lo hiciéramos, nos encontraríamos que en algunos casos no podríamos avanzar de ninguna manera, o que el proceso de corrección/aprendizaje sería muy lento. Ni tanto ni tan calvo. Simplemente, debemos tener muy claro qué cosas corregimos y qué queremos conseguir con la corrección.

Por lo general, creo que es bueno decantarse por la *flexibilidad*. Cada trabajo es diferente (tipo de texto, grado de dificultad, momento del curso...) y cada alumno tiene unas características personales (problemas concretos, estilo de aprendizaje...). Esto hace que la corrección también tenga que ser diferente. Hendrickson (1980) propone una lista de cuatro factores para decidir qué es preciso corregir.

El primer factor es el propósito comunicativo de los textos que se tengan que corregir. Por ejemplo, es muy diferente una felicitación de cumpleaños de un trabajo universitario de final de curso. La misma incorrección es mucho más grave en el segundo texto que en el primero. Podemos suponer que los amigos que leerán la felicitación serán mucho más tolerantes con los errores que los profesores que evaluarán el texto académico. Del mismo modo, el grado de corrección que tiene que alcanzar un alumno que, por ejemplo, aspira a ser periodista y que, por tanto, en su trabajo tendrá que emplear la lengua, es muy superior al de otro alumno que sólo quiera escribir textos personales y correspondencia.

El segundo factor es el grado de conocimiento de la lengua que tiene el alumno. Los más avanzados están más preparados para recibir una corrección más intensa y tienen, también, más capacidad de autocorrección. El maestro puede ser bastante minucioso y puede dejar más libertad e iniciativa al alumno. En cambio, los principiantes y los alumnos atrasados tienen unos conocimientos lingüísticos más limitados y no pueden aprovechar las correcciones de la misma manera. Los trabajos de estos alumnos requieren una corrección más selectiva y también más guiada. El profesor tiene que escoger las faltas más importantes y tiene que dar pistas para que el alumno pueda enmendar el error.

La naturaleza del error (importancia, frecuencia, valor sociolingüístico, etc.) es el tercer factor que hay que tener en cuenta. Los errores más graves, y los prioritarios a la hora de corregir, son los errores comunicativos, los que afectan a la inteligibilidad del texto. Asimismo, otro tipo de incorrección que cita el autor como importante es la causada por la interferencia lingüística: barbarismos, estructuras espúrias, etc. Otros criterios, además, son la frecuencia -los errores reiterativos merecen más atención que los aislados- y el valor sociolingüístico -unas vacilaciones en el registro o una equivocación en el grado de formalidad pueden tener consecuencias imprevisibles-.

El último factor que menciona Hendrickson no es exactamente un criterio para discriminar errores, pero sí uno de los puntos más trascendentales de la cuestión. Se trata de las actitudes que tenemos profesores y alumnos frente a los errores y a la corrección. Un interés excesivo -¡y no digamos una obsesión!- por la corrección y por la pureza idiomática pueden inhibir notablemente al alumno y a la larga perjudicarlo. Está comprobado que una de las características que definen al buen alumno es la voluntad de utilizar la lengua que aprende y, por lo tanto, de arriesgarse a cometer errores y de cometerlos. Precisamente porque utiliza la lengua y se equivoca, puede aprender de sus errores. Quien no se arriesga nunca, repite siempre las mismas palabras para no cometer errores y no los comete, pero tampoco aprende.

Volvamos a la clase real, si los alumnos están muy preocupados por las faltas que pueden hacer o si el maestro les contagia la propia inquietud -conscientemente o no-, es muy posible que los alumnos se angustien, que se encuentren incómodos escribiendo y que terminen prefiriendo no hacerlo, porque de esta manera se ahorran la vergüenza de cometer errores y ser corregidos. Para evitar esta situación, los profesores tenemos que saber crear en el aula un espacio saludable y comprensivo, en el cual hacer faltas y corregirlas sea un hecho normal.

El alumno no tiene que preocuparse por cometer errores, sino que tiene que saber que es un fenómeno natural y necesario para aprender. La actitud más abierta y positiva que puede tener un alumno respecto a la corrección es la de no esconder los errores a los otros ni a sí mismo; la de buscar información para corregirse; la de valorar las aportaciones que pueden hacer los compañeros, etc. Y los profesores podemos ayudar a desarrollar estas actitudes en nuestros alumnos: podemos estimularlos a autocorregirse, podemos relativizar la gravedad de los errores que preocupan terriblemente a un alumno o podemos ser más críticos con el individuo despreocupado que *pasa* de la corrección.

Por otra parte, algunos profesores utilizan criterios menos filosóficos pero más prácticos: unos sólo corrigen aquellos aspectos que se han trabajado en clase o los que pertenecen al programa del curso; otros siguen reglas aún más estrictas y sólo corrigen un determinado número de errores por cada redacción (cinco por párrafo, uno por cada frase). En conjunto, estos criterios no parecen muy recomendables desde un punto de vista teórico. Por un lado, olvidan las individualidades de cada clase y tratan a los alumnos como si fueran un grupo homogéneo ¡Todos sabemos que es una situación que pocas veces se presenta! Por otro, malgastan las posibilidades didácticas de la corrección, porque limitan extraordinariamente el número de errores que hay que corregir.

¿Es preciso corregir todos los textos de cada alumno?

Los maestros nos quejamos a menudo de que corregir todos los trabajos de los alumnos, en clases de treinta o más individuos, es inviable, si no imposible, por falta de tiempo, prescindiendo de comentarios indiscutibles sobre el aburrimiento que provoca la tarea. No obstante, conozco muy pocos docentes que acepten dejar sin corrección una parte de la producción escrita de la clase. De alguna manera, la inmensa mayoría presuponemos que cualquier redacción del alumno requiere una corrección personal y directa del profesor.

¿Cómo se entienden, pues, estas dos afirmaciones? ¿Cómo se combinan las dos dentro del aula? Sospecho que la triste respuesta es que los alumnos acaban escribiendo sólo lo que los profesores podemos corregir; o sea, que los alumnos se adaptan a las limitaciones de tiempo del docente en lugar de lanzarse a escribir todo lo que quieran.

En realidad, la cuestión es aún más complicada. La mayoría de maestros desconocemos el número de trabajos (deberes o ejercicios hechos en clase) que estaría dispuesto a realizar cada alumno. Como acostumbramos ser nosotros mismos los que establecemos el ritmo de redacciones, no sabemos si los alumnos estarían dispuestos a escribir más o si, al contrario, lo hacen a la fuerza y preferirían escribir menos y dedicar más tiempo a cada texto. Esto impide que podamos valorar seriamente la esencia de la cuestión: la correlación entre cantidad de trabajos escritos y posibilidades reales de corrección. Obviamente, la situación ideal es que los alumnos escriban todo lo que quieran y puedan -siempre con el estímulo del profesor-, y que éste corrija hasta donde llegue.

Cuando los alumnos escriben mucho más de lo que el profesor puede corregir, se pueden utilizar algunas de las siguientes propuestas:

- Los alumnos escriben todos los trabajos en una libreta personal. Cada semana el profesor corrige cinco o seis libretas diferentes. De esta manera los escritos quedan ordenados y el profesor puede hacer una corrección general e individualizada, completa o selectiva. Ver *La bitácora* (pág. 82).
- De cada ejercicio que se hace en clase o en casa, el profesor sólo corrige cinco o seis muestras de alumnos diferentes, escogidos por turnos. Sirve para controlar que los ejercicios se entienden y se hacen.
- El profesor corrige un ejercicio de cada tres o cuatro que se hacen, pero corrige los trabajos de todos los alumnos. De esta manera puede comparar los escritos entre sí.
- El profesor corrige los escritos de los alumnos en clase, mientras los redactan. Es útil para corregir el proceso de composición. Ver *Taller de escritura.* (pág. 103).

Al margen de estas ideas, también se pueden considerar otros tipos de corrección que no requieran la participación directa del profesor: la autocorrección, los ejercicios de respuesta cerrada (actividades de reparación y reconstrucción de textos manipulados con una sola solución) y la corrección entre alumnos, de la cual se hablará seguidamente.

Una última idea que hay que tener en cuenta es el binomio «cantidad» y «calidad» de la corrección. Los maestros siempre hemos estado preocupados por responder a la cantidad, por poder dar corrección a todo lo que se escribe, prescindiendo de la calidad con que se haga. Seguramente es así porque nos hemos preocupado de nuestra imagen social, de cumplir las funciones que se nos han marcado. En cambio, si estuviéramos más interesados en la rentabilidad intrínseca de la tarea, muy probablemente prestaríamos más atención a la calidad de nuestras correcciones, aunque tuviera que disminuir la cantidad.

En general, creo que la corrección mejoraría mucho si corrigiéramos menos pero mejor. Quizás el alumno no recibiría comentario de todo lo que escribiera, pero lo corregido supondría un análisis profundo e importante de su escritura, que le debería permitir avanzar mucho más.

¿Quién tiene que corregir?

Desde siempre, quien se ha hecho cargo de la corrección ha sido el maestro. Según los roles establecidos, es quien tiene conocimiento suficiente y autoridad para hacerlo. El alumno podría equivocarse, hacerlo mal u olvidarse. Todos recordamos escenas didácticas que responden a este planteamiento: dictados corregidos en la pizarra por el profesor, entrevistas y exámenes orales sobre la lección del día, notas del profesor escritas en cuadernos de redacción. Seguro que las practicamos con frecuencia. ¡Y no tenemos de qué avergonzarnos!

Pero las posibilidades didácticas no se agotan aquí, ni mucho menos. Por suerte, la pedagogía moderna ha defenestrado –¡o lo está intentando!– estos roles tradicionales que limitan la enseñanza y ha adoptado un enfoque más humanista. Ni el profesor es un pozo de ciencia absoluta, ni los alumnos son sujetos pasivos e ignorantes. La enseñanza no es un traspaso de información de profesor a alumno, sino un proceso colaborativo de desarrollo personal. Los alumnos aprenden del profesor pero también de sus compañeros, del conjunto de actividades que realizan entre sí, etc. Partiendo de este punto de vista, no es descabellado que los alumnos se conviertan ellos mismos en autocorrectores y en correctores de los trabajos de los compañeros.

Los argumentos a favor de la corrección entre alumnos son muy variados. En primer lugar, es seguro que los alumnos se responsabilizan más de su propio aprendizaje si pueden participar activamente en la corrección. Se interesan más por los errores que hacen y son más conscientes de los problemas que tienen y de los contenidos que van aprendiendo. En segundo lugar, como hemos visto (pág. 19) y veremos (pág. 64), el proceso de corrección también es, él mismo, objetivo de aprendizaje. Los alumnos pueden aprender mucho corrigiendo: valorar y analizar textos, fijarse en la gramática, memorizarla, etc. Finalmente, no debemos olvidar aspectos más prácticos. Como también se ha dicho: no podemos corregirlo todo y hay que buscar alternativas viables; se trata de un tipo de corrección más rápida que la del profesor, etc.

Sin embargo, también hay que tener en cuenta los inconvenientes que presenta. El primero es que el alumno difícilmente tiene conocimientos suficientes para corregir la totalidad de los aspectos de los textos. Es posible que se equivoque e, incluso, que provoque alguna pequeña confusión. En segundo lugar, algunos profesores sostienen que la corrección entre alumnos fomenta la competitividad, porque estimula la búsqueda del error y la comparación entre compañeros. Como último -y seguramente es el argumento más sólido-, el alumno no está acostumbrado a corregir. No le gusta corregir ni ser corregido. Si alguna vez un compañero le corrige, no se fía y espera una verificación final del profesor.

Como en otras preguntas, nadie tiene la verdad y cada uno puede quedarse con los argumentos que quiera. En mi opinión, la corrección entre alumnos es muy enriquecedora y es interesante potenciarla, aunque plantee dificultades serias. En definitiva, todos tendremos que convertirnos algún día en correctores de nuestros propios textos, cuando no haya ningún profesor delante que pueda corregirlos. Y aquel que haya aprendido a hacerlo en la escuela, seguramente tendrá ventajas sobre aquel que no lo haya hecho. Además, me gustan mucho más el ambiente y las actitudes que transmite una corrección variada, que incluya, entre otras, la de alumno-alumno, que otra más rígida, basada exclusivamente en el tándem maestro-alumno.

Para aquellos que se decidan a ponerla en práctica, expongo seguidamente algunas técnicas de corrección entre alumnos:

- En parejas, al terminar un ejercicio de redacción, los alumnos se intercambian los textos que han escrito, los corrigen y después se explican las modificaciones que ellos harían. Cada uno es libre de aceptar o no los cambios propuestos por el compañero.
- Al terminar un ejercicio, cada alumno cuelga en la pared su trabajo (con chinchetas, celo, *blue-tack*...). Hay tiempo para que todos, maestro y alumnos, puedan circular libremente por el aula leyendo los textos de la pared y anotando enmiendas y sugerencias. Estos comentarios también se pueden dirigir oralmente a los autores del texto.
- Por turnos, una pareja o un pequeño grupo de alumnos se responsabiliza durante una semana de corregir los textos del resto de la clase. Lo hacen en casa o en el aula. Es muy útil en un contexto de escuela activa donde cada alumno asume temporalmente algunas *funciones* en el aula o en la escuela.
- En clase, los alumnos se intercambian los textos y los leen. Cuando encuentran incorrecciones o aspectos que no les gustan, pegan una notita (va muy bien el *post-it,* las notitas amarillas que se pegan y despegan) en la hoja, comentándolo. Al final, el autor de cada texto lee todas las notas que le han puesto y rehace el texto.
- Mientras los alumnos escriben, el profesor va leyendo los textos y marca (con un círculo, una crucecita...) algunas de las incorrecciones importantes. Después da tiempo y materiales (diccionarios, gramáticas, etc.) para que cada alumno se autocorrija.

Otra buena idea de corrección, en la línea de la democratización de la clase y de fomentar la autonomía del alumno, es el *Guión personal de corrección* (véase pág. 117).

¿Cuándo es preciso corregir?

La gran mayoría de profesores corrigen, seguramente, fuera del tiempo de clase, en casa o en la escuela, entre sesión y sesión. Me parece una buena manera de hacerlo, siempre y cuando se haga con prontitud. Johnson (1988) destaca lo importante que es no dejar pasar mucho tiempo entre la redacción del texto, o el momento en que se cometen las faltas, y la corrección del maestro. Es muy lógico que a medida que pasa el tiempo el alumno se desinterese por los errores que cometió y, en definitiva, que disminuya la efectividad de la corrección.

Una de las veces que me he sentido más inútil corrigiendo fue durante unas Navidades, cuando tenía que corregir redacciones que mis alumnos habían escrito los últimos días del trimestre. Las clases se reemprenderían en marzo, porque mis alumnos se iban de prácticas a las escuelas -se trataba de estudiantes de magisterio-. De modo que no recibirían mis correcciones prácticamente hasta tres meses después de haberlos escrito. ¿Qué sentido tenía en estas circunstancias señalar exhaustivamente todos los errores del texto? ¿Había alguna posibilidad de que un alumno reformulara un escrito elaborado tres meses atrás, que muy probablemente ya había olvidado?

En general, el tiempo que transcurre entre la redacción y la revisión debe tenerse en cuenta para formular los objetivos didácticos de la corrección. Lo ideal sería que pudiéramos corregir en clase mientras el alumno escribe, en el momento en que se produce la falta, pero no siempre puede ser así. Entonces, me parece mucho más sensato moderar los propósitos de nuestra intervención. Como en el ejemplo personal del párrafo anterior, no tiene sentido pedir una reformulación de algo que se escribió tiempo atrás; solo podemos aspirar a dar información sobre la calidad del texto.

Debemos distingir dos tipos de corrección, según el momento en que se produzcan: la *diferida* en el tiempo, como la citada al inicio del apartado, o la *inmediata*, en la que el lapso de tiempo redacción-corrección es pequeño. Son ejemplos de esta última la llamada corrección *in situ*, porque se realiza en clase, durante un ejercicio de redacción; y también la *entrevista oral*, en la que alumno y maestro dialogan sobre lo que está escribiendo el primero. Ambas correcciones pueden combinarse en clase. La inmediata ofrece algunas ventajas sobre la diferida:

- Es más oportuna. Se realiza precisamente cuando el alumno está motivado para recibirla. Este puede incorporar las enmiendas o apreciaciones sugeridas, porque no ha concluido la composición.
- Es más rápida. Requiere menos tiempo por las dos partes. El profesor lee y corrige en un momento, y el alumno también entiende y reformula los comentarios con rapidez.
- Es más segura, porque maestro y alumno pueden verificar que se han comprendido. El primero pide aclaraciones del texto, el segundo pregunta lo que no entiende de las sugerencias del primero. Ambos pueden cerciorarse de que se han entendido.

Quizás la técnica de redacción donde se utiliza de forma más rentable la corrección oral sea el *Taller de escritura*. Véase la página 103.

¿Cómo es preciso corregir?

Llegamos a la cuestión central del cuestionario, que se refiere a la forma de corregir: estrategia, técnicas, recursos, etc. Podemos enfocar la pregunta desde perspectivas diferentes, formulando preguntas más concretas:

- ¿En qué se diferencia un error de una falta? ¿Cómo hay que corregir cada uno?
- ¿Qué hacen los alumnos con las correcciones?
- ¿Qué hay que hacer: marcar la incorrección o dar la solución?
- ¿Cuál es la forma más clara de marcar un texto?
- ¿Qué se corrige en cada momento del proceso de composición?
- ¿Qué se corrige en cada tipo de texto?

1. ¿En qué se diferencia un error de una falta? ¿Cómo hay que corregir cada uno?

Harmer (1983) y Johnson (1988) establecen una interesante distinción entre falta (*mistake*) y error (*error*). Este es el producto de un defecto en la *competencia lingüística*: se comete cuando el escritor desconoce una regla gramatical, una palabra, etc. En cambio, falta es la consecuencia de un defecto en la *actuación lingüística*: se comete cuando el escritor está distraído o cuando está acostumbrado a escribir de una determinada manera. Quien desconozca las reglas de acentuación y escriba *«examenes»* comete un error; quien conociéndolas escriba lo mismo comete una falta. El alumno que escriba sistemáticamente *haver o aber*, posiblemente comete una falta, si el verbo ha sido ya estudiado.

En general, la distinción es interesante porque apunta dos líneas muy específicas de tratamiento de las incorrecciones. Está claro que quien cometa faltas no necesitará saber más sobre el tema lingüístico correspondiente para corregirlas, sino que le bastará poner más atención, más conciencia, etc. En cambio, es bastante improbable que alguien pueda corregir los errores de la misma manera, es decir, sólo con más atención y paciencia.

Respecto a las faltas, Johnson arguye que un alumno necesita cuatro aspectos para poder erradicarlas definitivamente:

- Saber que ha hecho una falta. No siempre nos damos cuenta de las faltas que cometemos. Por eso es útil que una segunda persona lea el texto y las marque.

En clase, esta persona puede ser el maestro o un compañero. Por ejemplo, descubrir dos palabras sin acento.

- Poder recordar la forma correcta, equivalente a la falta. Precisamente porque se trata de una falta y no de un error, el alumno domina los conocimientos lingüísticos que determinan que una forma sea incorrecta y la otra no. En el ejemplo anterior, recordar la norma de acentuación.
- Tener interés en erradicar la falta. Johnson nota que muchas faltas, sobre todo de ortografía, pueden tener poco valor comunicativo, lo cual explica que no se hayan erradicado. Al no implicar problemas de comprensión, el alumno no siente deseos especiales de autocorregirlas.
- Tener la oportunidad de practicar la misma cuestión lingüística en condiciones reales. El alumno ha de poder encontrarse en la misma situación en que cometió la falta para poder practicar la forma correcta.

Por lo general, estos cuatro puntos se pueden aplicar fácilmente en clase. Señalar las faltas de los textos y dar la oportunidad de repetirlos o de poder practicar las mismas cuestiones lingüísticas en otros contextos no son actividades muy complicadas. En cambio, puede ser más difícil el tercer punto: ¿Cómo podemos estimular a los alumnos desmotivados por las faltas? ¿Cómo podemos demostrarles que las faltas tienen un valor sociolingüístico importante? Más allá de destacar el valor convencional y social de determinadas cuestiones, no es nada fácil encontrar buenas respuestas, ni maneras de motivar a los alumnos. (Graves -1983- trata el tema en profundidad.)

Respecto a los errores, no conozco ningún estudio profundo parecido al anterior. En general, su corrección requiere la ampliación de conocimientos. El alumno que ha cometido errores debe recibir más información sobre este ítem en concreto (la lengua, la regla gramatical que desconoce, más modelos lingüísticos donde aparezca este ítem, etc). La forma de presentar y aprender esta información puede variar muchísimo y ya es cuestión de didáctica general.

2. ¿Qué hacen los alumnos con las correcciones?

Cuando era pequeño, en la escuela, mi maestro me obligaba a copiar diez veces las faltas que cometía en dictados o redacciones. Entonces encontraba estúpida la tarea y una pérdida de tiempo, pero ahora -siendo yo mismo el maestro- me parece hasta razonable. No quiero decir que sea eficaz, pero sí que responde a una necesidad esencial y compartida. Mi maestro y yo tenemos preocupación por lo que puedan hacer nuestros alumnos con sus faltas. Sabemos que si no hacen nada, posiblemente no llegarán a eliminarlas.

De la misma manera, es importante que nuestros alumnos hagan algo útil con las correcciones. En primer lugar, debemos asegurarnos de que las lean y que las entiendan. No es descabellada la idea de dejar algunos minutos para hacerlo al repartir los escritos corregidos. ¿Cuándo tendrán tiempo los alumnos de repasar nuestras anotaciones, si no es durante nuestra clase? Por otra parte, quizás haya alguna duda que podamos aclarar. Deberíamos evitar a toda costa la escena del alumno despreocupado que, al recoger su escrito, echa una ojeada rápida al texto, se fija en la nota final, dice «Ah, no muy bien», y guarda el papel en la carpeta.

Pero sirve de poco o nada limitarse a releer las correcciones, a contarlas o a lamentarse. Sommers (1982) y Zamel (1985) consideran trascendental dar a los alumnos la oportunidad de reformular sus escritos a partir de nuestras correcciones. Estoy de acuerdo: es la única manera de dar sentido a la revisión y de aprovechar los esfuerzos que ha costado. Además, concuerda perfectamente con los nuevos conceptos de revisión y corresponsabilidad que queremos desarrollar. Otras ideas posibles son: recopilar los errores en una libreta que, con el tiempo, pase a ser un instrumento de consulta; escribir frases inventadas con las incorrecciones, etc., investigar los orígenes del error, etc.

Por otra parte, no me parece muy correcto que unilateralmente decidamos los maestros qué van a hacer los alumnos y que lo impongamos con nuestra autoridad. Creo que debería interesarnos la opinión del principal implicado y protagonista. Mucho más: si contamos con su apoyo, si los alumnos llegan a comprometerse a realizar una determinada actividad, tenemos bastantes más posibilidades de éxito. Con tales fines, véase la técnica *Negociación sobre la corrección*, página 66.

3. ¿Qué hay que hacer: marcar la incorrección o dar la solución?

Varios autores (Harmer, Johnson, Hendrickson) establecen una distinción importante entre *marcar el error o la falta* y *dar la solución correcta*. Como he dicho al principio, se trata de los dos componentes básicos de la corrección y debemos utilizarlos en situaciones diferentes. Marcar la incorrección es suficiente cuando se trata de faltas o errores cuya solución correcta suponemos que el alumno será capaz de deducir. En cambio, cuando se trata de incorrecciones difíciles o las cuales sabemos con seguridad que el alumno no podrá corregirlas, es mejor dar también la solución correcta.

Las dos posibilidades tienen una diferencia fundamental: el grado de autonomía del alumno. Señalando la incorrección, el alumno tiene que tomar la iniciativa: tiene que analizar la falta y encontrar la enmienda apropiada. Quizás tenga que consultar libros (gramáticas, diccionarios, manuales...), preguntar a colegas y, finalmente, arriesgarse a reescribir el texto de nuevo. En cambio, si el profesor le da la solución correcta, se queda sin trabajo. Consigue la forma adecuada sin esfuerzos y, por eso mismo, es muy posible que la olvide y que la repita posteriormente en otros textos.

Un recurso intermedio puede ser dar algún tipo de información que no sea la solución misma, pero que dé pistas para conseguirla. Las pistas pueden ser variadas: características del error (nivel lingüístico, gravedad, tipología, etc.), bibliografía (dónde hay que consultar, dónde se puede encontrar, etc.) o técnica (reescribir, leer en voz alta, repasar, etc.). Lo importante es que el alumno pueda formular sus propias hipótesis sobre el error y verificarlas con la correspondiente forma correcta. Ver *Marcas de corrección* (pág. 71) y *Elaboración de marcas* (pág. 77).

4. ¿Cuál es la forma más clara de marcar un texto?

Como se ha comentado anteriormente, citando estudios de Sommers (1982) y Zamel (1985), las anotaciones de los maestros suelen ser breves, generales y poco claras. La mayoría de las veces las hacemos con prisa, sin revisarlas y muy rara vez comprobamos que el alumno las haya entendido. Actuamos inconscientemente, siguiendo hábitos y acostumbres adquiridos. Pocas veces hemos reflexionado sobre el tema, aunque el éxito final de la corrección dependa de estos garabatos rápidos.

Podemos distingir dos grupos de anotaciones: las que se realizan dentro del texto, para señalar faltas o puntos localizados del escrito; y los comentarios más globales, realizados en los márgenes o al final. Los primeros son marcas muy gráficas y escuetas, parecidas a abreviaturas o símbolos; mientras que las segundas suelen ser más extensas y tener expresión lingüística (unas palabras, un comentario, una instrucción, etc.). Las primeras se analizan a fondo en el apartado *Marcas de corrección* (pág. 71), por lo que aquí nos centraremos en las segundas.

Las anotaciones varían según el objetivo y el contenido de la corrección. Es muy distinto valorar la calidad de un escrito con adjetivos y listas de aspectos positivos y negativos que pedir al alumno que revise algo, con instrucciones y verbos imperativos especificando qué debe hacer. Pero cualquier anotación debería ser:

- *Relevante.* Debemos anotar únicamente lo más importante. Prescindamos de los detalles.
- *Clara.* Debemos usar palabras comprensibles y conocidas por el alumno. Es preferible prescindir de las impresiones que no podamos concretar en pocas frases. Evitemos también los comentarios generales o ambiguos.
- *Breve.* No disponemos de mucho tiempo para corregir. Las frases esenciales son suficientes. Se pueden anotar las ideas clave y luego desarrollarlas oralmente.

- *Localizada.* Debe especificarse siempre a qué parte del texto hacen referencia.

Si el objetivo es reformular el texto globalmente o en parte, las anotaciones deben ser instrucciones *operativas*. Debe quedar claro qué es lo que tiene que hacer el alumno. Los imperativos, las órdenes y las preguntas son útiles. He aquí algunos ejemplos:

ES PREFERIBLE:	A:
«Amplía este párrafo con dos ideas más.»	«Párrafo confuso.»
«Resume esta parte.»	«Excesiva información.»
«Formula con pocas palabras este argumento.»	«Argumento confuso y mezclado.»
«Revisa los acentos de los diptongos.»	«¡Cuidado con la ortografía!»

Un ejemplo de buena anotación que combina la descripción de una parte del texto con instrucciones para trabajar es la siguiente:

> «Párrafo 3: ¿Cuál es la idea principal? ¿Qué significa *elemento, opinión* y *razón*?
> Reescríbelo todo:
> - Empieza con la idea principal.
> - Sustituye las palabras anteriores por otras más precisas.»

Una cuestión más curiosa hace referencia a la forma de escribir la anotación en la redacción: en qué parte del texto, de qué forma, con lápiz o con rotulador, en qué color, etc. Cassany (1987) cita algunas investigaciones al respecto, que no han conseguido hallar diferencias significativas entre, por ejemplo, anotar los comentarios al margen o al final del texto.

Desde otro punto de vista, las manías particulares de alumnos y maestros pueden determinar algunos detalles. Por ejemplo, a bastantes alumnos no les gusta que les corrijan con bolígrafo una versión final, porque «ensucia» el texto que se ha redactado «con tanto esmero». Y muchos maestros desaprueban el color rojo por sus supuestas connotaciones de penalización o incluso de agresividad. Recuerdo a una maestra que decía corregir siempre con rotulador verde, porque es el color que descansa más la vista. ¡Y también tiene valor ecológico!

5. ¿Qué se corrige en cada momento del proceso de composición?

Una variable importantísima de la corrección es el momento del proceso de composición ante el que se encuentra el alumno. Si se pretende que la corrección sea un estímulo y una ayuda para que el autor desarrolle su texto y sus capacidades de composición, la corrección del maestro debe guiar o reforzar el trabajo del autor, especificándole qué tipo de procesos puede realizar en cada momento. Por ejemplo, en los textos pobres o faltos de ideas se debe buscar más información; en los desestructurados, organizar los datos; en los ya elaborados, revisar la ortografía, etc.

CORRECCIONES Y PROCESO DE COMPOSICIÓN

Corrección inicial
Contenido

↑

Información:
- Cambiar el enfoque del tema.
- Añadir más información.
- Ordenar la información.
- Separar lo relevante de lo superfluo.

Estructura:
- Separar todos los párrafos.
- Buscar la idea central de cada párrafo.
- Completar cada párrafo.
- Seleccionar los conceptos o palabras clave.

Redacción:
- Recortar las frases muy largas.
- Añadir los conectores adecuados.
- Buscar el léxico preciso.
- Desarrollar una idea por escrito.

Corrección:
- Verificar los acentos, las v/b, etc. (ortografía).
- Verificar los verbos, la concordancia, etc. (gramática).
- Repasar los signos de puntuación.
- Evitar las repeticiones léxicas.

Presentación:
- Revisar la imagen general del escrito.
- Comprobar los márgenes, líneas, títulos, etc.
- Cuidar la caligrafía, tipografía, mecanografía, etc.

↓

Forma
Corrección final

Sería absurdo -y contraproducente, como ya se ha dicho anteriormente- pedir a un autor que revisara la puntuación cuando todavía está acumulando información.

El siguiente esquema plantea la línea general que hay que seguir, con ejemplos de las instrucciones que deberían darse al principio y al final de la composición. Es muy difícil trazar etapas de corrección en el proceso, por lo que el esquema anterior se presenta como un continuo.

No obstante, debemos tener en cuenta que no hay modelos fijos ni estándar para el proceso de redacción. Si bien es cierto que al principio los autores se concentran en la construcción del significado del texto (Cassany, 1987), pueden hacerlo de modos muy distintos: buscando ideas, redactando a chorro, expandiendo una palabra clave que esconde una gran cantidad de información, revisando lo que han escrito, etc. Por este motivo, debemos actuar con cautela, aplicando las sugerencias anteriores con flexibilidad.

6. ¿Qué se corrige en cada tipo de texto?

Otro aspecto determinante del contenido de la corrección es el tipo de texto que se está escribiendo. No es lo mismo corregir una argumentación que un diálogo o una narración. El lenguaje que aparecerá en uno y otro varía, así como el estilo, el tipo de información o su estructura. Estas variaciones son especialmente importantes en la corrección inicial (coherencia), cuando se intenta ayudar al autor a buscar, desarrollar y estructurar el contenido del texto. ¿Debemos ayudar del mismo modo al alumno que busca argumentos para una tesis, que al que intenta desarrollar una narración? Obviamente, no.

El siguiente esquema presenta algunos ejemplos de preguntas válidas para ayudar a escribir los tipos de texto más comunes:

CORRECCIONES Y TIPOS DE TEXTO

ARGUMENTACIÓN:	– ¿Cuál es la tesis del texto? – ¿Cuáles son los argumentos? – ¿Puedes aportar ejemplos de cada uno? – Ordénalos por grado de importancia.
NARRACIÓN:	– ¿Dónde y cuándo se sitúa? – ¿Quién o qué es el protagonista? ¿Cómo es? – ¿Qué personajes intervienen? Descríbelos. – ¿Cuál es el argumento? Resúmelo.

DESCRIPCIÓN:	– ¿Cuál es el tema? – Haz una lista de sus detalles, cualidades, aspectos, características, etc. – ¿Cómo los ordenarás?
INSTRUCCIÓN:	– ¿Qué quieres que haga el lector? – Divide la acción en etapas. ¿Cuántas hay? – Ordénalas lógica o cronológicamente. – Usa el mismo tipo de lenguaje para cada una. – Comprueba que se comprenda cada una.
DIARIO PERSONAL:	– ¿Cada cuándo lo escribirás? – ¿De qué hablarás en él? ¿Temas? – Anota todo lo que sea importante. – Relee de vez en cuando lo que has escrito. – Explora algún tema o punto concreto.
EXPOSICIÓN DE UN TEMA:	– ¿Cuál es la idea principal? – ¿Qué partes tiene la exposición? – Haz una lista de datos para escribir? – ¿Cómo los ordenarás? ¿Por qué?

¿Cómo podemos hacer más atractiva la corrección?

A menudo la corrección es poco atractiva. En especial, la tradicional, con sus roles establecidos y monótonos, llega a aburrir a alumnos y maestros. Se repite una y otra vez la misma actividad, sin interés, sin entusiasmo, hasta el hastío... Es terrible cuando ocurre. Unos y otros pierden la motivación de la lengua, de la clase, del aprendizaje. ¿De esta manera, como puede llegar a ser algo útil y eficaz?

No quiero aburrirme corrigiendo. No me resigno a aburrirme en clase o en mi casa, corrigiendo. Me paso tantas horas con esta tarea que constantemente busco algo que me estimule, que me anime a continuar. Me pregunto: ¿Cómo puedo divertirme corrigiendo? Creo que es lícito e importante que los maestros nos respondamos esta pregunta y que la pongamos en práctica. Lo que gusta a uno se hace con más interés y mejor. Siempre que he conseguido corregir a gusto he corregido mejor y mis alumnos y yo nos hemos beneficiado de ello.

A continuación desarrollo cuatro ideas para combatir el aburrimiento o la desidia y lograr una corrección dinámica y motivante.

1. Corresponsabilidad

Ya hemos comentado que, en general, los alumnos ejercen un papel muy pasivo en la corrección. Actúan como meros receptores de los comentarios del maestro. Su único interés real es saber qué nota han obtenido -¡y efectivamente ésta es la primera y a veces única cosa que suelen mirar en el texto!-.

Un recurso básico para cambiar esta situación agarrotada consiste en atribuirles funciones más importantes de las tópicas, en restituirles la responsabilidad que, de hecho, les pertenece como protagonistas de la clase. Cualquier técnica que exija una mayor y más activa participación es buena: corrección por parejas, autocorrección asistida, entrevistas orales, etc. En la misma línea, son mucho más ambiciosas y sofisticadas las técnicas democratizadoras de la corrección, en las que el alumno puede llegar a codirigir y organizar la actividad.

En estas actividades el alumno se convierte en el centro-motor de la tarea: toma la iniciativa, dirige su trabajo, lee y revisa, usa material de consulta, etc. Con esta implicación, la motivación nace espontáneamente. La actitud y el comportamiento respecto a los errores también cambian. Corregir puede llegar a ser divertido.

2. Variación

Debemos diferenciar la corrección de la evaluación de final de curso o período. Quizás necesitemos un número objetivo y fiable para esta última, pero la corrección no depende de la fatídica calificación numérica que lo determina todo. Corregir no es obligatorio, ni tiene que hacerse siempre del mismo modo, ni en el mismo momento, ni en todas las redacciones. Corregir no tiene que ser siempre el malo o el feo de la película.

La corrección es una técnica didáctica más de la clase. Como cualquier otra, debe ser: flexible, variable, adaptable y también... prescindible. Cada texto, cada alumno, cada momento sugieren recursos distintos de corrección. Variar la práctica es un aliciente en sí mismo: aporta novedad, sorpresa e interés. La didáctica moderna nos ofrece una gama extraordinariamente variada de ejercicios para corregir. He aquí algunas de las ideas que podemos tener en cuenta:

- *El objetivo.* Podemos corregir para informar, dar instrucciones, analizar a fondo, concentrarnos en un aspecto, mejorar actitudes, etc. Véase página. 30.
- *El sujeto corrector.* Puede corregir el maestro, un compañero, otro compañero, el diccionario, un libro, el ordenador, etc. El protagonista y receptor de la tarea pueden variar.
- *La interacción.* Trabajar individualmente, por parejas, en pequeños grupos, con grupos cruzados, siempre con compañeros nuevos y variados. Si a cada

alumno siempre le toca relacionarse con la misma persona y sólo con ésa, la dinámica del aula pierde muchos enteros. Poder discutir las mejoras de una redacción con personas distintas es enriquecedor y constituye un incentivo más para realizar la tarea.
- *Los criterios.* No es preciso fijarse siempre en todos los aspectos de un texto. Podemos concentrarnos alternativamente en cuestiones distintas: ortografía, presentación, párrafos, puntuación, etc.

Por ejemplo, comparemos las dos situaciones siguientes. Cada lunes, Alberto lee los comentarios del maestro a sus redacciones, siempre hechos del mismo modo, con palabras y tics parecidos; también apunta las faltas cometidas en un cuaderno. Beatriz, alumna del mismo nivel con otro maestro, nunca realiza nada del mismo modo: un día corrige con un compañero, otro se autocorrige con diccionario, el martes se entrevistó con el maestro para hablar de una redacción, el viernes comentó unos borradores con dos alumnas más, etc. ¿Cuál de los dos alumnos tendrá una experiencia más rica en corrección? ¿Cuál tiene posiblemente más motivos para estar satisfecho de su corrección? Es evidente que la corrección será mucho más motivante para Beatriz –¡y también para su maestro!

3. Personalidad

Hay escritos más simpáticos que otros. Tener que corregir 50 recensiones sobre un mismo libro de lectura es extenuante: las mismas explicaciones, la misma biografía, un solo argumento, los mismos errores en las mismas palabras... ¡qué aburrimiento! En cambio, la misma cantidad de redacciones sobre el tema «Las vacaciones del verano pasado» alimenta nuestra curiosidad -o chismorreo- e incluso puede aportar datos interesantes para el seguimiento del alumno. Pero aún pueden ser más divertidos 50 cuentos o 50 autobiografías imaginarias del geranio del balcón del aula; en estas últimas se puede dar rienda suelta a la creatividad y escribir historias realmente originales.

Nuestras correcciones son más afinadas y claras cuando trabajamos a placer. Si nos gusta lo que leemos, no tenemos prisa, nos recreamos en el texto y en lo que dice, captamos su sentido y sus errores y podemos valorarlo más justamente. Al contrario, si no nos interesa el escrito, si de memoria ya sabemos lo que dice, nos apresuramos a terminar pronto, sin preocuparnos demasiado por la precisión. Acabamos corrigiendo poco y mal e, incluso, alguna vez -¡quién no lo ha hecho siquiera una vez!- marcamos algunos errores en cada página sólo para que se note que está corregida.

Los textos interesantes provocan comentarios particulares e irrepetibles; los aburridos reproducen las señales tópicas en las faltas más comunes. Recuerdo a una amiga mía que me comentaba, entusiasmada, que había presentado algunos cuentos de alumnos suyos de BUP a un concurso literario de adultos. Me decía: «Tuve que pedirles que reformularan muchos puntos, pero son originales y la versión final es muy aceptable. ¡Te imaginas que ganaran!» Y yo pensaba en lo bien que se lo pasaba ella con la escritura de sus alumnos y en lo buenas que debían de ser sus correcciones.

Los alumnos son sensibles a nuestras reacciones e impresiones. Perciben fácilmente nuestro estado de ánimo: el entusiasmo, la apatía, el aburrimiento. Cuando explicamos algo, notan si lo hacemos a gusto o a disgusto, si estamos disfrutando haciéndolo o no; y su respuesta varía, evidentemente, según los sentimientos que comuniquemos. Creo que con las marcas y los comentarios en el papel escrito ocurre lo mismo. El alumno se da cuenta de si su redacción nos ha gustado o no, puede intuir o adivinar nuestras impresiones: el sopor, la curiosidad... Y su propia motivación respecto a la corrección cambia según estas percepciones.

La satisfacción del maestro motiva al alumno, pero su desinterés provoca más pereza y aburrimiento. Se trata de un círculo vicioso: el texto no es interesante, el maestro corrige de mala gana, las correcciones no son muy brillantes, el alumno se da cuenta y difícilmente tendrá interés en mejorar el escrito. Al contrario, una redacción divertida se corrige con más gracia, y ésta se contagia en las notas del maestro y en el ánimo del alumno. Las actitudes y las sensaciones también se transmiten a través de la letra caligráfica.

En consecuencia, me parece muy importante animar a los alumnos a escribir redacciones originales que les interesen a ellos y, de paso, también a los maestros -¡por qué será que tan a menudo lo que les gusta a ellos también nos gusta a nosotros! Ellos se lo pueden pasar en grande escribiendo y nosotros nos aburriremos menos corrigiendo. En mis clases, mis propuestas de expresión escrita son absolutamente abiertas. Pido originalidad y personalidad ante todo: que escojan temas personales, distintos, nuevos; que escriban desde un punto de vista personal, sobre cosas que les afecten e interesen (música, deportes, amigos, discoteca, etc.), sobre el mundo desde su punto de vista.

Un buen ejemplo contrastado de actividades motivantes para la corrección es el siguiente par de recensiones de libros de lectura:

1. **Recensión tradicional**

Consta siempre de las mismas partes: biografía del autor, resumen del argumento y opinión personal. Se pretende que el alumno profundice en la lectura, además de comprobar que la haya leído; pero el ejercicio se convierte en algo mecánico, aburrido e inútil. Se copia la biografía de una enciclopedia, el resumen de la contraportada o de algún otro compañero y la opinión personal varía muy poco de las dos o tres líneas siguientes: «Me ha gustado mucho este libro, por los temas que plantea. Es muy ameno, pero he encontrado algunas palabras difíciles que he tenido que buscar en el diccionario.»

¿Quién puede asegurar que el autor de este trabajo ha leído el libro? ¿Se ha profundizado realmente en la lectura? ¿Y qué vamos a decir de corregir 30 recensiones de este tipo? ¿Dónde podemos encontrar la motivación?

2. **Recensión personalizada**

Esta es la hoja que se pasa a los alumnos:

RECENSIONES DE UN LIBRO DE LECTURA

Objetivos:

1. Valorar críticamente y de una forma personal un libro de lectura del curso.
2. Redactar un texto extenso sobre un tema literario.

Tarea:

Escribir una recensión de un libro, comentándolo de una forma crítica y personal. Características de la recensión:

- Extensión: entre 400 y 500 palabras.
- Ahórrate -¡y ahórrame también a mí!- la biografía del autor y el resumen del argumento. Yo ya los conozco; me interesa mucho más tu opinión personal.
- Me gustaría que escribieras un texto que nos gustara a todos, a ti y a mi.
- Me gustaría que escribieras una cosa divertida, original, personal.

Evaluación:

Se tendrán en cuenta los aspectos siguientes:

- El contenido: estructura, coherencia, originalidad, creatividad, interés.
- La forma: ortografía, morfosintaxis, léxico, puntuación, capacidad expresiva.

La respuesta a la recensión personalizada es fantástica. Superado el choque inicial de la novedad -atenuado por la ayuda del maestro-, los alumnos escriben con ganas y acaban apasionándose con el texto. Surgen continuaciones del argumento, cartas escritas por uno o más de los personajes, descripciones del paisaje que aparece en el libro, comentarios sinceros sobre el texto, sobre los colores, los olores, los vestidos o el carácter de los personajes, etc. Corregir 30 textos de este tipo llega a ser un placer: es como corregir 30 visiones distintas de un mismo objeto.

4. Dinamismo

Una de las características principales de la corrección tradicional es su rigidez e inmovilidad. Siempre es igual, no varía. Alumnos y maestros se pasan todo el curso haciendo lo mismo. A algunos de nosotros, ¡nos han corregido siempre del mismo modo durante toda nuestra escolarización! Y los maestros, ¡nos pasamos toda o buena parte de nuestra vida profesional repitiendo la misma tarea! ¿Cómo puede ser atractiva la corrección de este modo?

Cuando hace años tomé conciencia de la insatisfacción pedagógica y personal que me producía la corrección, se encendió un motor en mi interior, que me impulsó a buscar nuevas maneras de trabajar el escrito -como he contado en la presentación-. Durante todo este tiempo he estado ensayando técnicas variadas en mis cursos y cambiando constantemente de planteamientos. Nunca me he sentido totalmente satisfecho de la corrección.

Empecé un año pidiendo a mis alumnos que reformularan los escritos con mis anotaciones. Descubrí que no funcionaba, porque ellos ya habían recibido una nota y daban por terminado el proceso de composición del texto, aunque éste tuviera problemas. Al trimestre siguiente, decidí corregir los borradores; para hacerlo tuve que cambiar el tipo de escritos que redactaban los alumnos: sólo con textos largos y elaborados tenía sentido el trabajo de borradores. Pero seguía fallando algo esencial: los estudiantes no se acababan de implicar en la tarea. En el curso siguiente, opté por una estrategia nueva: democratizar la corrección negociando con los alumnos lo que se tenía que hacer y comprometiéndonos todos a asumir nuestras responsabilidades. Otro curso opté por la técnica de marcar lo positivo y lo mejorable. Otro, por las entrevistas orales. Y cada curso y cada ejercicio es distinto.

El dinamismo imprime motivación y atractivo a la corrección. Las ganas de probar técnicas nuevas, de cambiar, de no anquilosarse nunca en una forma de trabajar, renuevan la práctica y la transforman en algo curioso e interesante, para maestros y alumnos.

¿Cómo cambiará la corrección con los ordenadores?

La última pregunta debe referirse forzosamente a los últimos adelantos tecnológicos y a los cambios que nos deparará el futuro. Los ordenadores y sus programas están alterando poco a poco el panorama de la corrección. Los programas de tratamiento y edición del texto, de redacción asistida o de corrección están modificando el proceso cognitivo de composición de los autores. Varios artículos (Cassany, 1987) han comentado el impacto que están causando estas máquinas en la escritura profesional, y algunos textos especializados (Rubin, 1986; Piper, 1987) empiezan a analizar los cambios que pueden introducir en la corrección.

Algunas de las prestaciones de corrección que ofrecen los programas informáticos son:

- Verificador ortográfico.
- Diccionario de sinónimos.
- Diccionario en varias lenguas para traducir.
- Programas de traducción asistida.
- Programas de redacción asistida que guían el proceso de composición.
- Verificadores del grado de legibilidad del texto.
- Posibilidades infinitas y sofisticadas de edición del texto.

Hay que tener en cuenta varias cuestiones. Primero, estas prestaciones afectan básicamente a la superficie del texto: ortografía, presentación, tipografía, características de la frase, etc. Son los aspectos más mecánicos y objetivos, los que se pueden automatizar con facilidad. En cambio, el contenido y su organización profunda (coherencia), así como puntos más formales, como la cohesión o la adecuación, son mucho más difíciles -y quizás imposibles- de procesar automáticamente. De este modo, la corrección del contenido sigue dependiendo del autor del texto -y del maestro- y adquiere incluso mucha más importancia, porque es la única que no puede tratarse con ordenadores.

En segundo lugar -¡y aún más importante!-, una de las prestaciones esenciales que ofrece cualquier procesador de textos es, precisamente, la posibilidad de revisar y reformular el texto una y otra vez: borrar frases, cambiarlas de sitio, sustituir sistemáticamente una palabra, mover párrafos, etc., todo esto con el mínimo esfuerzo. El propio proceso de corrección adquiere importancia inusitada y se convierte en objetivo de aprendizaje y, también, en objeto de corrección. O sea, también podemos corregir la corrección: si el alumno se corrige poco o demasiado, si lo hace en el momento oportuno, si utiliza buenas técnicas, etc.

TECNICAS DE CORRECCIÓN

O las herramientas, utensilios, artefactos y demás chirimbolos que maneja el profesor para reparar las escrituras.

A continuación se presentan algunas técnicas de corrección muy dispares, que sólo comparten el objetivo común de replantear la organización de la corrección y la interacción maestro-alumno, con el fin de rentabilizarla. La mayoría también se caracterizan por un cierto grado de sofisticación, si las comparamos con las prácticas habituales. Algunas sobrepasan la función estricta de la evaluación para plantear en enfoque nuevo e integral de la escritura. Pueden utilizarse y adaptarse en clase por separado o en pequeños grupos afines.

Para cada técnica se ofrece una ficha didáctica con objetivos, procedimiento, tiempo, material y variantes, así como comentarios y ejemplos de alguna experiencia personal. El apartado final de *Otras ideas* incluye algunas técnicas que todavía no he podido experimentar ni disfrutar con mis alumnos.

A continuación, se desarrollan algunos aspectos pedagógicos subyacentes a algunas técnicas:

Democratización de la corrección

La mejor manera de motivar a los alumnos para la corrección es corresponsabilizarles con la tarea: pedirles su opinión y darles la oportunidad de decidir cómo quieren que se realice. Es fácil desinteresarse por lo que han decidido otros sin consultarnos, pero resulta mucho más improbable sentir algo parecido con lo que nosotros mismos hemos dispuesto. Por ejemplo, siendo alumnos de un curso de inglés o francés, nuestra motivación para con la revisión de escritos crecerá si antes hemos decido qué tiene que corregir el profesor o si hemos diseñado unas señales para hacerlo.

Pero para dejar opinar y decidir al alumno tenemos que ceder, inevitablemente, una parte de la autoridad absoluta que siempre ha administrado el maestro. Debemos renunciar a la autocracia tradicional de la enseñanza, basada en el poder decisorio del maestro y la sumisión incondicional del alumno, para adoptar un planteamiento didáctico más democrático, en el que todos los sujetos que trabajan en el aula tienen voz y voto para decidir cuál puede ser la fórmula más práctica para todos en la tarea común de corregir.

Las tres primeras técnicas de corrección (*negociación, marcas* y *elaboración de marcas*) corresponsabilizan a alumnos y maestros en la tarea de corregir. Sirven para establecer una interacción pactada entre ambos, que responda a los intereses de todos. Las tres técnicas se basan en esta filosofía democratizadora de fondo, relacionada con la moderna *pedagogía de la negociación* (Richterich, 1985).

Este planteamiento didáctico, desarrollado para la enseñanza de segundas lenguas para adultos, propone que todas las partes implicadas en el aula (alumnos, maestro y institución) discutan la forma más válida de organizar la clase según sus intereses particulares para llegar a un consenso. Por ejemplo, en una clase de enseñanza básica obligatoria, los alumnos prefieren hablar de unos temas, hacer unos ejercicios y llevar un ritmo determinado, aunque el programa escolar (la institución) determine que deben estudiarse otros puntos y de otra manera; y sin olvidarnos del maestro, que también tendrá determinadas preferencias sobre qué y cómo enseñar. Atendiendo a la pedagogía de la negociación, la clase debería ser la intersección o la mezcla de estos tres puntos de vista, de manera que ninguna de las opiniones fuera abandonada.

Diagnóstico de escritura

Las tres técnicas siguientes (*listas de control, bitácora* y *puntuar un escrito*) ponen énfasis en el diagnóstico o la evaluación de las habilidades de los alumnos escribiendo: análisis de los errores, observación del proceso de composición y del estilo de escritura, registro de datos sobre los trabajos realizados, etc. Se entiende esta búsqueda de información como un paso primero y necesario para que el alumno se responsabilice de su propia corrección. No se puede asumir algo que se desconoce.

Asimismo, me parece muy importante adoptar un punto de vista lo más global posible respecto a la evaluación. Demasiadas veces se ha diagnosticado la calidad de una redacción solo a partir de las faltas de ortografía, prescindiendo tanto del resto de propiedades textuales como de las estrategias de composición y de las actitudes que tiene el alumno con la cultura impresa. Para ensanchar estos puntos de vista son muy importantes las técnicas de observación (véase *Otras ideas*) o la misma *bitácora.*

Enseñar a corregir

La actividad de *reformulación* (núm. 7), además del *guión personal de corrección* o de las *preguntas sobre el texto* (véase núm. 11) se plantean el objetivo de enseñar al alumno cómo debe corregir su propio trabajo. La práctica tradicional de la corrección siempre ha puesto el énfasis en la lengua, en el producto verbal; ha mostrado qué forma debe tener un escrito, su estructura, cuáles son las faltas que debe evitar, etc. Pero no enseña realmente qué debe hacerse para conseguirlo: el método de trabajo o las técnicas que le puedan permitir al alumno pasar de un borrador con problemas a una versión acabada con soluciones.

Quizás el alumno no sepa qué estructura tiene un párrafo o cómo se acentúan las palabras, pero tampoco sabe cómo debe enfrentarse a un borrador inicial: cómo debe leer, qué tipo de errores debe atacar primero, con qué técnicas, etc. (pág. 20). El alumno no utiliza automáticamente, por su cuenta, un método para corregirse, sino que debe aprenderlo del mismo modo que el resto de aspectos de la escritura. Por este motivo, son interesantes las actividades citadas, que permiten desarrollar estrategias personales de revisión.

Corrección dentro de la escritura

En el primer capítulo del libro, al analizar los viejos roles que atenazan a maestros y alumnos, hemos comprobado que la corrección depende del enfoque didáctico global que tenga la clase de lengua y de escritura. ¿De qué serviría democratizar la corrección con las actividades que se proponen, si por otra parte el maestro sigue imponiendo los temas de redacción y el estilo de escritura según su antojo? ¿Cuándo reformulará su escrito el alumno si ya ha sido calificado y se le encarga un nuevo ejercicio?

Muchas de las actividades que siguen implican un cambio radical de las costumbres escolares, que va mucho más allá de la corrección y que abarca la concepción didáctica global de la clase. En concreto, las dos últimas propuestas de *taller de escritura* y *redacción desarrollada*, con el *TOM* (ver *Otras ideas*), constituyen planteamientos integrales para el aula. La búsqueda de una nueva relación maestro-alumno conduce a un reordenamiento nuevo de la actividad docente.

1. Negociación sobre la corrección

Objetivos:

1. Tomar conciencia de los criterios de corrección de los textos escritos.
2. Implicarse en la tarea de la corrección.
3. Responsabilizarse de la revisión de los escritos a partir de las sugerencias del maestro.
4. Pactar el mejor sistema de corrección para todos.

Procedimiento:

1. Explica a los alumnos el motivo y los objetivos de la actividad. (5')
2. Los alumnos responden individualmente el cuestionario sobre corrección, que has repartido previamente. (10')
3. En grupos pequeños de 4, los alumnos comparan sus respuestas y las refunden en una sola hoja. Puedes repartir un nuevo ejemplar de cuestionario a cada grupo. (10')
4. Cada grupo expone sus opiniones al resto de la clase. Toma nota en la pizarra o en el retroproyector. (10')
5. Expón tus opiniones como profesor sobre las mismas preguntas. Hay un debate-coloquio para negociar una propuesta válida para todos (20'). Cada grupo debe argumentar sus opiniones.
6. Pasa en limpio los acuerdos aceptados por la clase y fotocópialos para todos. También puedes fijar el texto en un lugar visible y permanente del aula.

Tiempo: 60'

Material: Cuestionario sobre corrección; fotocopiado o reproducido en la pizarra.

Un posible modelo de cuestionario para la discusión es el siguiente:

CUESTIONARIO SOBRE CORRECCIÓN

1. ¿Qué quieres que corrija el profesor en tus redacciones? De los siguientes puntos, marca los que creas que tenga que corregir. Además, añade los que consideres necesarios:

- Ortografía
- Originalidad del texto
- Barbarismos
- Caligrafía
- Gramática
- Puntuación
- Estructura del texto
- Coherencia y estructura

- Presentación limpia
- Ideas claras
- Palabras imprecisas
- ...

2. ¿Qué quieres que haga el profesor con tus errores? Marca una de las posibilidades de cada grupo:

   2.1. - Que sólo marque los errores cometidos.
   - Que apunte la solución correcta.
   - Que me dé una explicación al respecto.

   2.2. - Que ponga una nota.
   - Que valore el texto con adjetivos.
   - Que apunte consejos para revisar el escrito.

3. ¿Qué hago normalmente con las correcciones del profesor? ¿Y qué tendría que hacer? Marca una de las posibilidades de cada grupo.

   3.1. ¿Qué hago? - Nada.
   - Las leo.
   - Apunto las faltas en una lista.
   - ...

   3.2. ¿Qué tendría que hacer? - Hacer una lista de faltas.
   - Continuar igual.
   - Reescribir el texto.

El ejercicio sirve para negociar a principio de curso la tarea de corregir: qué tiene que hacer el maestro, con qué criterios corrige, qué marca en la redacción, y también qué harán después los alumnos con sus anotaciones. Requiere un grado elevado de concienciación sobre la lengua y la escritura, así como responsabilidad sobre el propio aprendizaje. En consecuencia, creo que es útil para niveles avanzados: ciclo superior, secundaria, bachillerato, universidad, o para alumnos adultos.

Las preguntas y las respuestas del cuestionario se pueden -¡y deben!- adaptar a cada grupo. El ejemplo anterior contiene sólo los puntos más importantes; se pueden añadir otros aspectos a conveniencia: si los alumnos prefieren corregir los trabajos en casa o en el aula, durante la clase; si prefieren muchas correcciones o pocas, orales o escritas, etc. Asimismo, la dinámica de trabajo con el cuestionario (individual-grupo pequeño-puesta en común) puede variar según el número de alumnos:

1. Individual, parejas, grupo pequeño (de 4 personas), gran grupo (de 8), puesta en común: permite una reflexión más profunda y un mayor contraste y discusión de opiniones, pero requiere mucho más tiempo.
2. Grupo (4), grupo clase (puesta en común): mucho más rápido y ágil, pero menos reflexivo.

Utilizo este ejercicio a principios de curso en todas mis clases de redacción. Creo que vale la pena explicar lo que ocurre, porque es un buen ejemplo de la mecánica, de los resultados y problemas de la actividad. Además, por tratarse de alumnos que serán futuros maestros, los resultados del cuestionario son doblemente curiosos y reveladores.

En primer lugar, los estudiantes se sorprenden con el ejercicio porque suele ser la primera vez -¡con la escolarización terminada!- que se les pide su opinión sobre la corrección. Primer dato chocante: nunca nadie antes les había pedido su opinión. Por este motivo, dedico bastante tiempo a explicar los objetivos y la mecánica de trabajo. Insisto especialmente en que la corrección es muy laboriosa y a veces poco rentable, de manera que es importante encontrar un sistema válido para todos. Me aseguro de que comprendan todas las palabras y conceptos. Puede haber problemas con la «coherencia» y con las «palabras imprecisas».

Las respuestas al cuestionario no varían mucho de un grupo a otro, ni de un año al siguiente:

1. La ortografía, la gramática, los barbarismos, las palabras imprecisas y -sólo en opinión de algunos alumnos- la estructura del texto. Silencio sobre el resto de puntos, incluido la puntuación, y pocas veces se añaden conceptos nuevos.
2. Dar la solución correcta, poner nota y -parcialmente- valorar la redacción con adjetivos.
3. Nada, leerlas o -algún que otro alumno- apuntarlas en una lista. Algunos confiesan que no prestan mucha atención a las anotaciones del profesor.

Los resultados demuestran que los alumnos valoran escasamente la corrección. También se deduce que tienen una visión muy particular de lo que es un escrito correcto: no creen que la puntuación o claridad de ideas sean importantes, que la presentación tenga que ser limpia y ordenada o que la originalidad y el interés puedan tenerse en cuenta. Además, sólo les interesa la nota final y pocas veces o nunca reformulan el texto.

El siguiente paso es exponer mis opiniones como profesor:

1. Además de lo dicho: puntuación, coherencia, claridad de ideas, presenta-

ción y grado de interés del contenido.

2. Marcar el error, valorar el texto con adjetivos y apuntar consejos para revisarlo.
3. Reconstruir o reescribir el texto.

Finalmente, llega la parte más delicada de la actividad: la negociación con los alumnos. Se trata de convencerlos de los criterios y opiniones del profesor, o de sus puntos más importantes, pero sin imponerlos a rajatabla. Es un trabajo de diálogo y de argumentación que no sólo tiene por objetivo el conseguir que se acepten tales o cuales planteamientos, sino también el de informar y enseñar al alumno que tales aspectos, que éste no considera importantes, lo son tanto como el resto.

Respecto al primer punto, la batalla más importante suele ser la inclusión en los criterios de corrección de la puntuación y de la coherencia. Sobre la primera, los alumnos postulan que es arbitraria, libre, y que no se puede corregir. Sobre la segunda, la mayoría de las veces no se entiende el concepto o no se conoce. Es tarea del maestro poner de manifiesto su relevancia y mostrar con ejemplos la importancia que tienen ambos aspectos. Otros puntos en los que soy más flexible son la presentación y el grado de interés. Acepto sacarlos de la lista de criterios a condición de que, si algún alumno presenta deficiencias importantes en estos puntos, pueda comentarlo personalmente con él (¡no deja de ser una estratagema negociadora para mantener el criterio!).

La discusión sobre los otros puntos es más difícil. Los alumnos reconocen que deberían trabajar más, que deberían fijarse en las correcciones y en los comentarios para rehacer el texto, pero no saben cómo hacerlo. Además, rara vez renuncian a la calificación numérica. Entonces, el debate puede convertirse en un callejón sin salida, si no se presentan alternativas de organización. Por ejemplo:

Trabajos breves hechos en casa:

- El profesor marca los errores sin corregirlos.
- Al devolverlos al alumno, hay tiempo en clase para releerlos y reformularlos.
- Se puede hacer de distintas formas: individualmente, en parejas, con la ayuda de libros de consulta (diccionarios, gramáticas...).

Trabajos extensos (mensuales o trimestrales):

- El profesor corrige los borradores del texto.
- El alumno reescribe una versión nueva y sólo consigue nota final cuando la redacción ya está muy desarrollada.

Pruebas y exámenes:

- El profesor pone nota, explica las soluciones correctas y los comenta en clase.

Generalmente se adopta alguna o varias de las fórmulas propuestas. Los acuerdos se transcriben en un documento que se fotocopia para los alumnos y el maestro y que constituye un marco de trabajo para ambos, pues determina las obligaciones a que se comprometen durante el curso. Desde este punto de vista, la técnica se asemeja a los «contratos de curso» norteamericanos, en los que se formula lo que pretenden aprender los alumnos (objetivos y contenidos) y lo que ofrecen para conseguirlo (leer libros, hacer deberes, reescribir las redacciones, etc.). Incluso puede ser interesante como motivación, a veces, formalizar el documento resultante con una firma de todos los sujetos y una fecha.

Pero las necesidades y los intereses cambian durante la actividad docente. Es posible, e incluso deseable -porque significará que han modificado positivamente su percepción de lo escrito-, que los alumnos desarrollen opiniones nuevas sobre la corrección y que tenga que modificarse la forma de trabajar. También es posible que alguna de las partes incumpla los compromisos pactados.

Por todos estos motivos, es aconsejable reconfirmar o repasar el documento negociado durante el curso, cada cuatro o tres meses, una o dos veces en cada curso. Se trata simplemente de retomar los acuerdos escritos, de analizarlos a la luz de lo que se ha aprendido durante las últimas clases, y de rectificar lo que sea necesario. Quizá significará añadir criterios de corrección, porque ha subido nuestro listón de lo que es un escrito correcto y deseable; o quizás tendremos que reorganizar los compromisos de dedicación de las dos partes porque no funcionan. Para el alumno, esta reevaluación permite analizar de nuevo su grado de responsabilidad con la tarea, su motivación por aprender y sus opiniones sobre escribir.

No quiero concluir este comentario sin insistir en un punto que me parece fundamental. La técnica no sólo sirve para organizar democráticamente la corrección en el aula, sino también para que los alumnos tomen conciencia de lo que se debe valorar en un texto. Regresando al ejemplo de mis estudiantes de magisterio: ¿Cómo puede ser que teniendo aprobada la enseñanza obligatoria sigan creyendo que la puntuación, la estructura o el contenido de un texto no son evaluables ni importantes? Sin duda, la causa radica en la falta de información al respecto y en la costumbre de poner énfasis en los aspectos más superficiales y conocidos de la prosa. Sin esta técnica de corrección, quizá yo habría tardado mucho tiempo en descubrir sus opiniones al respecto, y puede que ellos no hubieran tenido la oportunidad de darse cuenta de cómo valoraba su profesor los escritos. La negociación de la corrección nos permitió descubrir nuestras diferencias y empezar a subsanarlas.

2. Marcas de corrección

Objetivos:

1. Marcar los errores de la redacción sin dar la solución correcta, para que sea el mismo alumno el que los reformule.
2. Disponer de un sistema de señales o marcas que permita dar información precisa sobre el tipo de error cometido.
3. Compartir entre alumnos y maestro el sistema de marcas.

Procedimiento:

1. Reparte entre los alumnos una fotocopia con el sistema de marcas. Comenta detalladamente cada símbolo. (15')
2. Los alumnos corrigen y reescriben el texto del ejemplo a partir de las marcas. Pueden hacerlo individualmente o por parejas. (25')
3. Corrige el texto leyéndolo desde el principio y apuntando los errores que hay que rectificar. Al llegar a la parte final, con los errores de estructura (repetición y desorden), se debe hacer una reflexión global sobre la forma de corregir (véase pág. 49 para más información). (15')
4. Explica a la clase que a partir de ahora utilizarás estas marcas para corregir todas las redacciones que escriban. (5')

Tiempo: 60'

Material: Hoja de marcas de corrección; se puede fotocopiar o reproducir en la pizarra.

Un ejemplo de hoja de marcas de corrección es la siguiente, que utilicé un año en mis cursos de redacción:

MARCAS PARA LA CORRECCIÓN DE DANIEL

NOTAS globales:	M	S	B	MB	R	V
	Mal	Sufi- ciente	Bien	Muy bien	Para revisar	Visto

Trabajo terminado

SIGNOS para revisar:

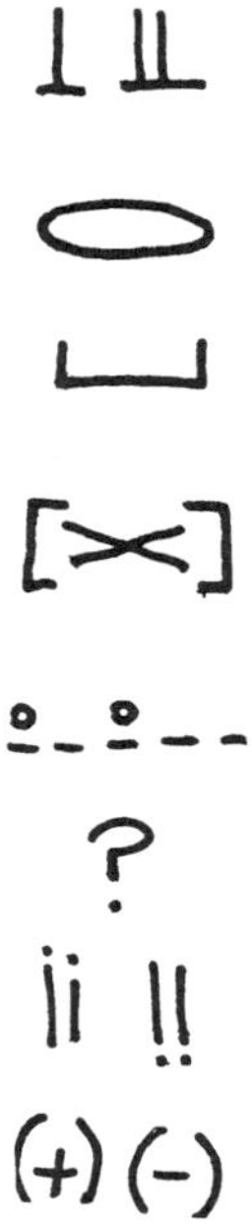

- Error en una letra: acento, v/b, separación, etc.
- Error en una palabra: preposición, pobreza léxica, morfología, etc.
- Error en una frase: pronombres, concordancia, construcción, etc.
- Error en un fragmento: estructura, ideas confusas, incoherencias, etc. Debe desarrollarse.
- Error en la puntuación.
- No lo entiendo: caligrafía, significado, etc.
- ¡Pon más atención! ¡Ya sabes que está mal!
- Aspectos positivos y mejorables del texto.

EJEMPLO:

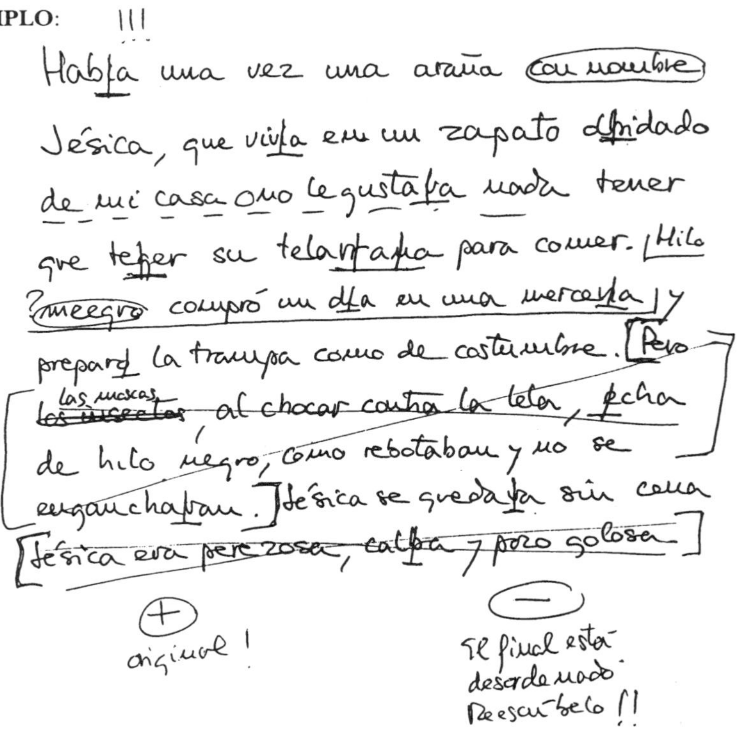

El sistema de marcas funciona del modo siguiente. La **R** sin círculo indica que el texto no está suficientemente elaborado: requiere revisión y reformulación. En cambio, cualquier otra inicial (**M, S, B** o **MB**) con círculo constituye una nota final que da por concluido el ejercicio. Los signos para revisar se aplican a partes concretas del texto para dar pistas sobre los errores cometidos y su extensión precisa. Los signos de sumar (+) y restar (—) introducen comentarios generales sobre los puntos fuertes y débiles del escrito (véase pág. 37).

La utilización de marcas para informar al alumno del tipo de falta que ha cometido es una de las técnicas de corrección más útiles. Creo que los primeros en desarrollarla fueron profesores de inglés, pero lentamente ha penetrado en el resto de idiomas y actualmente ya está muy difundida. Según la forma más sencilla de utilizarla, marcamos los errores del escrito con unas señales previamente establecidas, que pueden ayudar al alumno a mejorarlo. (Ver la técnica núm. 4. que utiliza un sistema de anotación más sofisticado.)

La característica más importante de la técnica es que resitúa la corrección en el ámbito real al que pertenece, dentro del proceso de escribir (véase pág. 19). Enmendar los errores de un borrador o mejorar las primeras formulaciones es competencia del mismo autor del texto y no de otra persona ajena. El alumno debe responsabilizarse de su propia corrección, aunque reciba ayuda del maestro. De esta manera, el acto de releer un texto corregido, que tenía antes poco interés, se convierte en un ejercicio activo, en el que el alumno tiene que esforzarse para comprender los errores y rectificarlos. Varios autores destacan este componente *activo* y de *descubrimiento* de los errores.

Las dos cuestiones fundamentales de la técnica son qué tipo de señales utilizamos y cómo las enseñamos a los alumnos. Respecto al primer punto, cualquier sistema de marcas debería tener las siguientes características:

- Debe adaptarse al alumnado (faltas más frecuentes, claridad y comprensión de los signos, etc.) y a las preferencias del maestro.
- Señales claras, simples y distintivas, para que puedan marcarse y leerse con facilidad y rapidez.
- Número limitado de señales para poder recordarlas. Se recomiendan menos de diez.
- Las marcas deben designar conceptos claros, concretos y conocidos por los alumnos: *ortografía, puntuación, forma verbal,* etc. Son desestimables por poco operativas las palabras muy nuevas e imprecisas, como *coherencia, cohesión, adecuación,* etc. Se pueden sustituir por equivalentes más conocidos: *estructura, conjunciones, expresiones vulgares,* etc. De esta forma evitaremos la pérdida de tiempo del maestro corrigiendo («¿Esto es un error de coherencia o de cohesión?») y el desconcierto del alumno («¿A qué se refiere adecuación?»).

- Deben coordinarse los sistemas de marcas utilizados en cada centro escolar. ¿Os imagináis como podría trabajar un alumno que tuviera unas marcas distintas para castellano, otras para euskera y otras para inglés?, ¿o que cambiara de marcas cada año con el maestro? En cambio, un único sistema adaptado para todas las lenguas multiplicaría su eficacia.

Los sistemas de marcas varían notablemente y pueden y deben ser personales y adaptados a la situación. La mayoría se basan en los conceptos fundamentales de gramática (ortografía, morfosintaxis, léxico, orden de las palabras...) y se distinguen por el tipo de signos y la manera de marcarlos (formas distintas, colores, mayúsculas iniciales...). En el ejemplo anterior, las señales se distinguen muy gráficamente por el nivel de error: letra, palabra, sintagma, frase, fragmento y texto. También puede ser útil y curioso consultar las *normas UNE*, que estandarizan la simbología utilizada por los profesionales de la corrección.

Hendrickson (1980) distingue dos tipos de marcas: *indirectas* y *directas*, que se corresponden más o menos con la distinción establecida entre *marcar la incorrección* y *dar la solución correcta*. Se utilizan las primeras cuando el autor está capacitado para autocorregirse, sea analizando el error cometido o, también, con la ayuda de manuales de consulta; y las segundas cuando se presupone que el alumno no será capaz de enmendar el error por su cuenta y necesita más información. Los dos tipos de marcas pueden combinarse en un mismo escrito.

MARCAS DE CORRECCIÓN (Hendrickson, 1980)

Correcciones indirectas:

1. Subrayar las incorrecciones ortográficas o morfológicas:

El paisage del valle era magnifico.

A mis hermanas le pasa como a mi.

2. Rodear con un círculo la palabra inapropiada:

Tenía más buen carácter que su padre.

Aquella tenue melodía sonaba guay

3. Poner una flecha (↑) por cada palabra que falte:

Espero ↑ que responda ↑ antes posible

Es una calle ↑ donde pasan muchos coches.

4. Añadir un signo de interrogación al lado de la frase o estructura confusa:

- Cuando llegué no había nadie en casa y, además, era agosto, y estaba todo cerrado, y me había dejado la cartera en casa de Laura. ?

- La madre y el niño leyó el cuento?

Correcciones indirectas:

1. Subrayar una palabra incorrecta y dar alguna orientación:

- Ayer no he ido a la playa
Tiempo

- A la tarde, iré a comprar el pan
preposición

2. Poner entre corchetes una palabra o una frase fuera de lugar e indicar el lugar apropiado:

- Jorge [en Valencia] compró las naranjas

- Su padre me regaló un libro [que vino ayer]

3. Tachar las palabras que sobren:

- Es importante ~~de~~ decir lo que se piensa

- No ~~te~~ quiero dártele

4. Dar la solución adecuada de una palabra o una frase incorrectas:

- Entraron en la ~~trumardilla~~ buhardilla

- Existen personas ~~que su~~ cuya cara no se olvida

La segunda cuestión hace referencia al aprendizaje de las marcas y de su uso. Debemos ser conscientes de la dificultad que supone para el alumno y aceptar que pueda necesitar tiempo y práctica para llegar a usarlas con éxito. La precipitación en su uso o una excesiva exigencia pueden conducir al desánimo: los alumnos son incapaces de entenderlas y los maestros damos la culpa a la técnica. Para evitarlo, además de explicarlas detenidamente, son útiles los ejemplos como los anteriores o los ejercicios de práctica, como el breve texto de la araña Jésica, el cual merece un comentario aparte.

Se trata de un verdadero ejercicio, con «trampa», para aprender a utilizar los signos y reflexionar sobre la revisión. Veámoslo con una posible corrección:

> *Había una vez una araña llamada Jésica, que vivía en un zapato olvidado de mi casa. Era perezosa, calva y poco golosa. No le gustaba nada tener que tejer su telaraña para comer. Un día compró hilo negro en una mercería y preparó su trampa como de costumbre. Pero las moscas, al chocar contra la telaraña de hilo, como rebotaban y no se enganchaban, huían y Jésica se quedaba sin cena.*

Además de subsanar errores ortográficos, léxicos y de puntuación, se ha reformulado el anacoluto añadiendo el verbo *huir,* y se ha situado al principio, en la descripción de la protagonista, la frase «*Era perezosa, calva y poco golosa*». El resultado es un párrafo correcto y mucho más coherente.

Normalmente -y dependiendo de su edad y nivel-, los alumnos aún no han desarrollado estrategias competentes de revisión (véase pág. 19). Con este texto, empiezan a corregir en la primera línea, con el acento de «*habia*», y después la palabra que falta en «*de nombre*». Leen y corrigen en paralelo; avanzan rápido, palabra a palabra, y se animan. Pero cuando ya tienen la mayor parte del texto corregido, al final, tropiezan con la última frase, la que va al principio, y entonces descubren que deberían haber trabajado de otro modo: leer el texto entero, primero, y decidir qué es lo que hay que revisar antes porque es más importante. Al final, el maestro puede hacer una reflexión sobre las estrategias de revisión más útiles que deberían utilizar los alumnos.

3. Elaboración de marcas

Objetivos:

1. Implicar a los alumnos en el diseño de un único sistema de marcas de corrección para toda la clase.
2. Analizar los errores de las redacciones y tomar conciencia de ellos.
3. Implicarse y motivarse en la tarea de la corrección.

Procedimiento:

Primera sesión (elaboración):

1. Expón a los alumnos los objetivos de la actividad. Diles que se escogerá la mejor de las propuestas para utilizarla durante todo el curso. (5')
2. Explícales cómo funcionan las marcas. Pon ejemplos variados con la pizarra, el retroproyector o fotocopias. Son importantes porque servirán de modelo a los alumnos. (15')
3. Cada alumno relee sus redacciones corregidas, hace una lista de errores y los clasifica por categorías. Pon ejemplos de error y una lista de categorías. (20')
4. Por grupos de 4, rellenan el esquema siguiente, a partir de sus listas. En la tercera columna tienen que proponer una marca para señalar este tipo de error. (25') Esquema:

1. Error ejemplo	2. Tipo de error Concepto	3. Signo que representa

Segunda sesión (debate):

1. Cada grupo expone su propuesta al resto de la clase. Debe haber tiempo para mostrar, explicar, formular preguntas y responderlas. El debate debe ser organizado. Cada grupo tiene que prepararse la exposición (60'). Ideas para el debate:

- Tienen que hablar todos los alumnos.
- Todos deben ver y leer todas las propuestas.
- se pueden hacer murales con cada una.

2. Cada alumno vota individualmente la mejor propuesta (no puede votarse a sí mismo) (5').

3. Presenta la propuesta elegida. Resérvate el derecho de modificarla según las conveniencias (10').

Tiempo: Dos sesiones de 60' o 90'.

Material: Ejemplos variados de sistemas de marcas como los de la técnica anterior.

La mejor manera de elaborar un sistema de marcas para una clase consiste en dejar diseñar a los alumnos sus propias marcas. De esta forma -si es que hubiera algún peligro- las señales dejan de ser marcas indescifrables, impuestas con estilo autoritario por el maestro, que tienen que memorizarse y recordarse para poder entender algo de la corrección. El propio alumno, con sus compañeros, analiza y clasifica las faltas que comete, busca garabatos idóneos para cada tipo de error, escoge aquellas marcas que son más claras para él y que le gustan. En definitiva, participa de una forma más activa y desde el principio en la organización de la corrección. Y cuando, avanzado el curso, repase sus redacciones, marcadas por el profesor con los símbolos que él mismo ha elaborado, recordará con más facilidad el error cometido y su valor.

El mejor momento del curso para realizar el ejercicio es al principio, cuando los alumnos ya disponen de dos o tres redacciones corregidas, las cuales pueden servir de base para el análisis de los errores y de garabatos -¡atención, pues, a las primeras correcciones, maestros! Por otra parte, esta elaboración de marcas puede ser una magnífica continuación de la negociación general sobre corrección.

Finalmente, si la duración total del ejercicio es excesiva para un curso o grupo determinado, se puede reducir la segunda sesión de varias formas: limitando el tiempo de las exposiciones o del debate, suprimiendo la votación final o prescindiendo de ambos puntos (el profesor recoge las propuestas de los alumnos y elabora una nueva que sea representativa). La actividad pierde parte de su encanto si los alumnos no pueden defender su trabajo y votar el mejor.

4. Listas de control

Objetivos:

1. Corregir minuciosamente los escritos de los alumnos según una pauta establecida.
2. Tener criterios escritos para valorar globalmente un texto y decidir qué hacer.
3. Registrar los errores de los alumnos y diagnosticar los errores reiterativos.
4. Registrar y valorar el progreso realizado por los alumnos.

Procedimiento:

1. Asigna a cada trabajo del alumno una *hoja* o *lista de control* como la de abajo. Rellena los datos necesarios.
2. Corrige el trabajo de la siguiente manera:
   - Marca el primer error del texto con el número 1 y anota el mismo número en el punto de la lista de control que describa mejor el tipo de incorrección. Marca con un 2 el segundo error, en el texto y en la lista de control; con un 3, el tercero, etc.
   - Si un tipo de error se repite muchas veces, puedes marcarlo con el mismo número en el texto y no hace falta repetirlo en el control.
   - Una palabra puede tener más de un número.
   - El orden de los errores no tiene valor. En la lista de control aparecerán siempre desordenados.
3. Con el texto corregido y el control anotado, valora globalmente el escrito y decide lo que se tiene que hacer: dar el texto por bueno, pedir al alumno que lo reescriba, preparar ejercicios sobre algún aspecto concreto, etc. Anota tu valoración en el control.
4. Devuelve la redacción con el control y la valoración al alumno.

Material: Modelo de lista de control.

La siguiente hoja de control fue diseñada por el autor de la técnica (B.W. Robinett, 1982) para alumnos de inglés como segunda lengua. La he traducido y adaptado para alumnos de español como primera o segunda lengua, pero sería mucho mejor que cada uno la modificara según las características de sus alumnos.

LISTA DE CONTROL Curso:..

Nombre:..

Ejercicio:..

ADJETIVOS
- Morfología incorrecta

ARTÍCULOS Y DETERMINANTES
- Det./indet.
- Género

CALIGRAFÍA
- Inteligible
- Signos extraños

CONCORDANCIA
- Sujeto y verbo
- Pronombres y referentes

CONTENIDO
- Información incorrecta
- Difícil: revisión
- No se entiende

CONJUNCIONES
- Uso incorrecto
- Abuso

FORMATO
- Medida inapropiada del papel
- Escrito sin tinta
- Sin título
- Márgenes
- Entrada en cada párrafo

LÉXICO
- Item incorrecto
- Repetición
- Laguna léxica

ORTOGRAFÍA
- Incorrecta

PÁRRAFO
- Párrafo nuevo
- Punto y aparte

PREPOSICIONES
- *A/en/por*
- Otras

PRONOMBRES
- Morfología incorrecta
- Pleonasmo

PUNTUACIÓN
- Punto
- Coma
- Dos puntos
- ¡!/¿?/»
- Otros

SEPARACIÓN DE SÍLABAS
- Incorrecta

SUSTANTIVOS
- Forma impropia
- Morfología

VERBO
- Morfología
- Perífrasis verbales
- Forma impropia

MAYÚSCULAS	VALORACIÓN GLOBAL:
- Omisión	....
- Incorrecto	....
ORACIÓN	....
- Oración incompleta	
- Oraciones embrolladas	....
	....
ORDEN DE LAS PALABRAS	
- Orden S-V-C	....
- Circunstanciales	
- Adverbios	....
- Adjetivo-nombre	....

La hoja de control sirve de registro y análisis de los errores cometidos en cada escrito. Se trata de una técnica muy minuciosa que aprovecha la información que aportan los errores cometidos por los alumnos y que ofrece varias posibilidades didácticas. Las más importantes son:

- Diagnosticar de forma precisa:
  - El escrito concreto.
  - Las necesidades de cada alumno (a partir de los controles de varios textos).
  - Las necesidades generales de un grupo (a partir del mismo escrito de todos los alumnos).
- Archivar sistemáticamente los controles para:
  - Establecer el progreso realizado por cada alumno, por la clase, etc.
  - Registrar los errores que se repiten y los que se han superado.

Las principales ventajas de la técnica son: la simplicidad y rapidez con que se registran los errores, que permite aplicarla a una gran cantidad de textos; su carácter eminentemente gráfico, que facilita la lectura de los controles; y la posibilidad de archivar fácilmente los controles con el fin de poder valorar largos períodos de aprendizaje. Además, de este modo alumnos y maestros disponen en todo momento de información objetiva sobre la calidad de los escritos. En cambio, puede ser una limitación relevante la misma clasificación de errores que, aunque es muy exhaustiva, no tiene en cuenta los aspectos más profundos del texto (estructura y información) o las estrategias de composición.

5. La bitácora o el cuaderno de navegación

Objetivos:

1. Recoger y archivar todo lo que se escribe en clase.
2. Anotar comentarios varios sobre lo escrito.
3. Evaluar aspectos diacrónicos de la escritura: el proceso de composición, la progresión de aprendizaje, las actitudes y los hábitos.
4. Aumentar la conciencia sobre escribir y lo que se escribe.

Procedimiento:

1. Reparte la hoja *La bitácora* y coméntala con los alumnos. Explícales detalladamente los objetivos de la actividad.
2. Durante el curso los alumnos escriben todos los textos en la bitácora. Pueden:
   - Dedicar algunos minutos diarios o semanales en clase a escribir en la bitácora. Asígnales temas o preguntas para responder escribiendo.
   - Reformular textos, realizar talleres de escritura, TOM o redacciones variadas en la bitácora.
   - Leer su propia bitácora o la de los compañeros y trabajar sobre ella.
3. A final de curso, evalúa la bitácora según los criterios formulados.

Material: Fotocopias de *La bitácora* para todos; una libreta o carpeta donde escribir o recoger todo lo que se escribe.

Bitácora es un término de navegación. Designa un armario, que se encuentra cerca del timón, donde se guarda la brújula y otros utensilios para navegar. También se usa la palabra para referirse al cuaderno de navegación, o cuaderno de bitácora, donde se anota el rumbo que toma el barco y las incidencias ocurridas durante el viaje.

Aplicado a un curso de lengua o de redacción, la bitácora puede ser el registro de lo que se escribe en clase o en casa, la brújula que marca los progresos conseguidos y las faltas más constantes que hay que superar, el libro donde se anotan las reflexiones personales sobre escribir, etc. En definitiva, puede ser el cuaderno de abordo en un viaje sobre el aprendizaje de la escritura.

Me facilitó el siguiente ejemplo de bitácora Hilda E. Quintana, de la Universidad Interamericana de San Juan de Puerto Rico, donde se utiliza esta técnica con provecho:

LA BITÁCORA

¿Qué es una bitácora o diario de clase?

Es una libreta para la redacción personal en la cual puedes trabajar con ideas y conceptos discutidos en clase o con las lecturas asignadas en el curso. También puede servirte como archivo de tus experiencias académicas en el curso.

¿Qué debes escribir?

- Tus redacciones de clase para los profesores.
- Tus ideas, teorías, conceptos, problemas, temas de discusión.
- Tus reacciones sobre las lecturas, programas de televisión, actividades importantes relacionadas con el curso.
- Tareas específicas que te asigne el profesor.
- Algunos recuerdos importantes en tu vida.
- Evaluaciones semanales de la clase.
- Resúmenes semanales de lo estudiado en clase.

¿Cuándo debes escribir?

- Tres o cuatro veces a la semana.
- En cualquier momento.
- Cuando desees clarificar cosas confusas, resolver problemas, tomar decisiones.
- Cuando tengas que escribir sobre un tema y desees escribir ideas sobre él.
- Cuando sientas deseos de escribir.

Requisitos específicos

- Una libreta.
- Anotar la fecha cada vez que escribas.
- Escribe mucho siempre que te sea posible, para que puedas desarrollar mejor tus ideas.
- Una buena bitácora es aquella en la que el estudiante ha hecho una gran cantidad de entradas.
- Identifica los trabajos especiales que haces en la bitácora.

Evaluación

- Se tomará en consideración la regularidad con que se ha escrito (45 entradas como mínimo).
- La autenticidad de las ideas.
- La expresión de los comentarios.

Al finalizar tu curso tendrás un pequeño archivo valioso e interesante de tu progreso en el curso.

La bitácora, el cuaderno de clase y el diario personal o académico se inscriben en el conjunto de técnicas que podríamos llamar, genéricamente, *escribir para aprender*. Estas técnicas se fundamentan en la función epistemológica del lenguaje escrito y tienen el objetivo común de utilizar la escritura como instrumento para aprender sobre cualquier tema. Cuando escribimos sobre algo estamos reflexionando sobre ello e, inevitablemente, estamos aprendiendo. Asimismo, si los alumnos escriben sobre sus materias de estudio, sobre la clase, sobre sus dificultades y sobre sus sentimientos, están incrementando su percepción de estos aspectos, aclarándolos, detallándolos y tomando conciencia de ello.

Respecto a la bitácora, algunas de las características pedagógicas más importantes que se han señalado son: tiene al alumno como protagonista o centro (no lo dirige el profesor); está orientada a desarrollar el proceso de composición (y no el producto); relaciona la escritura con los temas del currículum y con la experiencia de cada uno; busca la colaboración entre alumnos y alumnos, y alumnos y maestros. También favorece la autonomía y responsabilización del individuo, es muy flexible y se puede utilizar con varios fines (sacado de The Portfolio Development Team, 1989).

Con estos mismos planteamientos, podemos pedir a los alumnos que escriban sobre escribir y corregir para que reflexionen y aprendan sobre estas actividades. Se trata de desarrollar una especie de metaescritura o de conciencia sobre el estilo y la composición propios. La lista siguiente ofrece algunas ideas para aplicar la bitácora a estos fines, dirigidas a los alumnos y sacadas de Sebranek *y cols.*, 1989:

- Reserva una sección de tu bitácora para la corrección. Crea una lista de *«Los más buscados»*, con las faltas de ortografía y gramática que se suelen repetir en tus escritos. Amplía la lista semana a semana y repásala de vez en cuando; utilízala para revisar tus redacciones.
- Crea otra sección específica en tu bitácora sobre vocabulario. Apunta todas las palabras nuevas, interesantes, importantes o curiosas que quieras recordar.
- También puedes escribir sobre lo que lees: libros, lecturas de clase, borradores y bitácoras de otros compañeros, etc. ¿Qué te gusta más y menos?, ¿cómo es su estilo?, ¿cómo escriben y corrigen?, etc.
- Responde las siguientes preguntas cuando acabes de corregir un texto: ¿Qué te gusta más y menos de corregir? ¿Qué es lo más fácil y difícil? ¿Qué haces para darte cuenta de tus faltas? ¿Cómo las corriges?
- Lee varias bitácoras de compañeros. Fíjate en las correcciones que hacen: ¿Son diferentes de las tuyas? ¿Hay muchas más o muchas menos? ¿Qué tipo de errores corrigen? Habla con sus compañeros sobre este tema, comenta con ellos las bitácoras.

A veces, la bitácora también recibe el nombre de «cartera» o «maleta» (*portafolio* en inglés) de evaluación, por su función acumuladora de materiales y sus posibilidades de evaluación.

Este registro completo y diacrónico de escritos individuales se convierte en una fuente inagotable de datos. Permite valorar algunos aspectos más actitudinales o comportamentales de la escritura, que requieren una perspectiva global y longitudinal del trabajo del alumno y que son difíciles o imposibles de evaluar con una sola prueba final. Por ejemplo:

- ¿Qué actitudes tiene el alumno sobre escribir? ¿Ha mejorado su interés, su motivación? ¿Ha escrito mucho o poco? ¿Ha desarrollado iniciativa propia y autonomía para escribir o sólo ha escrito lo que se le ha pedido?
- ¿Con qué estrategias de composición escribe? ¿Usa los borradores, los esquemas y técnicas variadas para desarrollar ideas? ¿Revisa sus textos? ¿De qué forma? ¿Ha evolucionado su proceso de composición durante el curso?
- ¿Sobre qué contenidos se ha trabajado? ¿Qué temas interesan a los alumnos? ¿Se ha profundizado en el tratamiento de un tema importante?
- Etcétera.

Con otros planteamientos y objetivos, Porlán y Martín (1991) desarrollan una interesante «bitácora» o diario del profesor como recurso para investigar en el aula y cambiar la enseñanza.

6. Puntuar un escrito

Objetivos:

1. Aprender las diversas propiedades o condiciones que debe tener un escrito.
2. Analizar una redacción de un compañero en profundidad.
3. Tomar conciencia de los criterios con que se evalúa un escrito.
4. Aprender a valorar un escrito para tener más conocimiento sobre lo que uno escribe.

Procedimiento:

1. Expón a los alumnos la tarea y sus objetivos. Tendrán que puntuar una redacción de un compañero según unos determinados criterios de puntuación, como si ellos fueran el profesor. (5')
2. Presenta la redacción que hay que corregir y los criterios. Explica qué significan y cómo se utilizan. Pon ejemplos. (15')
3. Por parejas o en grupos de 3-4, los alumnos analizan la redacción y la puntúan. Aclárales que tendrán que razonar sus puntuaciones. Tutoriza los grupos. (20')
4. Anota las puntuaciones finales y parciales de cada grupo y la tuya en la pizarra. (5') (Ver el cuadro.)
5. Valora globalmente el cuadro de notas: máximas y mínimas para cada apartado, discrepancias, etc. Repasa la nota final con la clase. Los alumnos tienen que razonar sus opiniones con argumentos (20').

Tiempo: 90'

Material: Fotocopias de la redacción y de los criterios de evaluación. Las notas de los alumnos pueden apuntarse en un cuadro como el siguiente:

	Grupo							
	1	2	3	4	5	6	7	Profesor/a
Adecuación								
Coherencia								
Cohesión								
Gramática								
Variación								
TOTAL:								

Los criterios de puntuación deben ser muy claros y prácticos. Con el fin de analizar el escrito y de trabajar los conceptos anteriores, un sistema de bandas puede ser mucho más útil que otro sintético (para la distinción entre *bandas analíticas y sintéticas* en evaluación de la escritura, ver Cassany, Luna, Sanz 1993). Un buen ejemplo de criterios analíticos pueden ser las siguientes:

CRITERIOS PARA PUNTUAR

ADECUACIÓN

- *Presentación* limpia: ¿Hay márgenes y líneas rectos, caligrafía inteligible, párrafos separados, título, apartados, etc.? ¿El título es congruente con el escrito? 1 p.
- *Registro* apropiado: ¿No hay expresiones vulgares ni demasiado técnicas o complejas para el tema? ¿Tratamiento apropiado de *tú* o *usted*? 2 p.
- *Propósito* comprensible: ¿Están claros el objetivo y las ideas e informaciones principales? ¿Se ha conseguido la comunicación? 2 p.

COHERENCIA

- *Información*: ¿Contiene los datos relevantes e imprescindibles? ¿Hay defecto o exceso de información? ¿Existen enunciados contradictorios? 2 p.
- *Estructura*: ¿Hay ordenación lógica de la información? ¿No hay repeticiones, lagunas ni rupturas? 2 p.
- *Párrafos*: ¿Cada párrafo trata una idea distinta? 1 p.

COHESIÓN

- *Puntuación*: ¿Hay errores graves de puntuación? ¿Coma entre sujeto y verbo, ausencia de puntos, etc.? 1 p.
- *Conectores*: ¿Hay alguna conjunción, marcador textual o enlace de oraciones mal usado? 1 p.
- *Pronombres*: ¿Hay errores en el uso de pronombres entre las frases? (anáfora, referencia). 2 p.
- *Orden de las palabras*: ¿Las palabras de la frase están ordenadas de forma lógica y comprensible? 1 p.

CORRECCIÓN

- *Gramática*: ¿Cuántas faltas ortográficas, sintácticas o léxicas hay? Aplicar el baremo siguiente: 5 p.

0 faltas: 5 p.	6-10 faltas: 2 p.
1-3 faltas: 4 p.	11-15 faltas: 1 p.
4-6 faltas: 3 p.	+16 faltas: 0 p.

VARIACIÓN

- Puntuación global sobre recursos expresivos generales: complejidad sintáctica, variación, riqueza y precisión léxicas, grado de riesgo que toma el alumno, etc. 5 p.

TOTAL: 25 p.

Aprendí mucho sobre cómo debe ser un escrito y cómo se escribe en los seminarios para examinadores de redacción que organiza la Junta Permanent de Català. El objetivo de estos cursillos es formar correctores competentes y homogéneos para evaluar escritos en exámenes estándar: garantizar la fiabilidad del resultado, la uniformización de criterios, puntos de vista, etc. Las sesiones consisten en un análisis colectivo de textos reales. Cada examinador debe puntuar un escrito según un baremo y luego se contrastan las puntuaciones y se discuten las diferencias. La formación de los correctores de la mayoría de grandes exámenes estándar en lenguas modernas (*First Certificate, Grundstufe, Junta Permanent*, etc.) se realizan con esta técnica.

Al plantearme cómo podría enseñar a mis alumnos los criterios de corrección, de una forma más profunda e intensa que con la *negociación, las marcas* o la *lista de control*, se me ocurrió que podía utilizar la misma técnica. En este caso no se trataba de formar evaluadores, sino de enseñar cómo debe ser un escrito y qué aspectos hay que tener en cuenta. Los alumnos tenían que aprender qué es lo que su maestro les va a valorar en sus escritos. Además, me gustaba mucho lo «sorprendente» y motivador que podía ser para un alumno «jugar a ser profesor» durante un rato y poner una nota a la redacción de un compañero.

El ejemplo que voy a comentar corresponde a una alumna de mi curso básico de lengua catalana 90-91, correspondiente al primer año de educación superior, en la Escuela de Magisterio de la Universitat de Barcelona. El curso estaba destinado a estudiantes con problemas especiales de redacción y de lengua catalana. El texto elegido es deficiente y no representa el nivel medio de los estudiantes, pero muestra bastante bien los tipos de error más habituales.

El tema de redacción se titula: «*Comer hamburguesas*». Durante enero de 1991 se desató en Catalunya y España una fuerte polémica sobre este asunto, porque algunas asociaciones de consumidores denunciaron la baja calidad nutritiva de estos productos, con los resultados de análisis realizados en varios establecimientos. Éstos calificaron las denuncias de difamación y, en definitiva, se generó una polémica importante y generalizada al respecto. Con estas circunstancias de fondo y en esas fechas, pedí a mis alumnos que escribieran «una redacción de 200 palabras con el título de «*Comer hamburguesas*», en la que tenían que expresar su opinión personal». El texto original catalán es el siguiente:

Redacció

L'hamburguesa és un tipus de menjar que veri-
tablement no m'agrada gens ni mica. M'agrada
menjar-me-les de manera molt senzilla amb el pa
una mica torrat i prou, sense ceba, tomàquet, enciam
i tot un llarg etc. , es a dir, sense cap complement
o guarnicio que la majoria de gent vol.

Que no m agrada només ho penso quan surto amb
els amics a sopar i decideixen entre tots anar a una
hamburgueseria ja que desconfio del seu contingut de
carn, dels llocs on la gent va a menjar-se-les i
perquè penso que no és molt sa

Sobre aquest últim punt crec que menjar hambur-
gueses com ho fan a America que sovint, perquè és
un menjar ràpid i pel tipus de vida que portem, de
presses a tota hora, consumeixen moltes. Abusar no
és bo

També pel tipus de persona que sóc, que m'a-
grada veure el que menjo i de què està fet, desconfio
de la preparació i de la sanitat dels llocs. Aquesta
desconfiança aquests dies es veu més pujada per una
gran polèmica que ha acabat en una forta indemnitza-
ció dels les empreses afectades ja que, segons diuen,
eren rumors falsos.

La versión castellana intenta respetar los detalles del original:

> *Redacción*
>
> La hamburguesa es un tipo de comida que en verdad no me gusta para nada. Me gusta comérmelas de manera muy sencilla con el pan un poco tostado y basta, sin cebolla, tomate, ensalada y todo un largo etc. , ó sea, sin ningún complemento o guarnición que la mayoría de gente quiere.
>
> Que no me gusta sólo lo pienso cuando salgo con los amigos a cenar y deciden entre todos ir a una hamburguesería ya que desconfío de su contenido de carne, de los sitios dónde la gente va a comérselas y porque pienso que no es muy sano.
>
> Sobre este último punto creo que comer hamburguesas como lo hacen en América que a menudo, porque es una comida rápida y por el tipo de vida que llevamos, siempre con prisas, consumen muchas. Abusar no es bueno.
>
> También, por el tipo de persona que soy, que me gusta ver lo que como y de qué está hecho, desconfío de la preparación y de la sanidad de los sitios. Esta desconfianza estos días se ve más subida por una gran polémica que ha terminado en una fuerte indemnización de las empresas afectadas ya que, según dicen, eran rumores falsos.

La valoración exhaustiva del texto es la siguiente. Para cada apartado, se analizan los errores y los aciertos, se da una nota y se justifica.

ADECUACIÓN: 2 puntos.

- **Presentación**. Bastante correcta. Se podría criticar la falta de un título real (que debería ser: «*Comer hamburguesas*»; «*Redacción*» sería sólo la definición del ejercicio), o también la estrechez del margen derecho. Pero me parecen críticas muy rigurosas: le doy el punto.

- **Registro.** El tema general permite un tono familiar muy coloquial, pero se notan algunos desequilibrios:

1. Línea 1: *en verdad.* Muy formal para el contexto.
2. Líneas 2 y 4: *para nada* y *y basta.* Demasiado coloquiales o incluso vulgar en el segundo caso.
3. Línea 19: *de la preparación y de la sanidad de los sitios*: expresión torpe que requiere una palabra más precisa, como *higiene* o *salubridad.*

   Entiendo que este último punto afecta al registro y por eso lo penalizo aquí y no en el apartado de corrección (podría entenderse como error léxico). Resto un punto.

- **Propósito.** La comunicación se frustra porque el texto no expone con suficiente claridad la opinión del autor. Podemos inferir muchos datos al respecto, haciendo suposiciones y reconstruyendo el significado, pero no porque el autor se haya expresado suficientemente. Cero puntos.

COHERENCIA: 1 punto.

- **Información.** Falta información en varios puntos:

4. El anacoluto del tercer párrafo se ha comido el predicado verbal de la oración, que sólo tiene un sujeto lleno de subordinadas: *creo que comer hamburguesas...* El predicado debería ser algo así como: *no es sano* o *no favorece la salud.*
5. Líneas 19-23. Carencias graves de información: ¿qué polémica?, ¿qué indemnización?, ¿qué empresas?, ¿cuáles eran los rumores falsos?; Sólo se puede sobreentender el texto si el lector tiene información previa al respecto.
6. Línea 10. Idea subdesarrollada: *desconfío... de los sitios donde la gente va a comérselas.* ¿En qué o de qué desconfía?, ¿cuáles son estos sitios? Podemos suponerlo, pero el texto no lo dice explícitamente.

   Las deficiencias son muy graves y las principales causantes del fracaso en la comunicación. Cero puntos.

- **Estructura**. Se intuye un esquema acertado de la información, con una primera parte sobre gustos personales y una segunda sobre la comida en América o la polémica del momento. Pero la notable falta de información impide desarrollarlo. Además, también se detectan otros dos errores importantes:

7. Líneas 1-10. Contradicciones sin matizar. Primero dice que *no me gusta para nada,* luego que *me gusta comérmelas de manera muy sencilla,* y en el siguiente párrafo: *que no me gusta sólo lo pienso... ¿En qué quedamos?*

8. Las líneas 10 y 19, en dos párrafos distintos y alejados, repiten la misma idea de la higiene de los establecimientos que sirven hamburguesas.

Le doy medio punto sobre dos.

- **Párrafos.** Una lectura atenta demuestra que el precario esquema apuntado anteriormente se articula en párrafos de la siguiente manera:

  1º: Cómo como las hamburguesas.
  2º: Ir a las hamburgueserías.
  3º: Comida rápida y salud
  4º: Polémica sobre hamburguesas.

  Pero también podemos encontrar un error nuevo, además del correspondiente al número 8, ya citado, que también afecta a los párrafos:

9. Líneas 17-18. La idea está más relacionada con el párrafo segundo que con el cuarto, que introduce el tema de la polémica.

Le dejo medio punto.

COHESIÓN: 2,5 puntos.

- **Puntuación.** Se detecta una tendencia a usar poca puntuación (líneas 6-10, 12-13 ó 19-22), con usos correctos, en general. Algunas mejoras podrían ser:

  10. Línea 5: punto y coma después de *etc.*
  11. Línea 9: coma después de *hamburguesería.*

Pero no se trata de errores graves. Doy el punto.

- **Conectores.** Los pocos conectores usados son correctos: *o sea, ya que, sobre este último punto, también,* etc. Se podría criticar una extensión excesiva de la frase del segundo párrafo, debida a los conectores *ya que* y *porque* (líneas 9 y 11), pero me parece demasiado riguroso. Un punto.

- **Pronombres.** Errores frecuentes y graves con las anáforas. Algunos tienen el origen en el desajuste entre el referente real y el imaginario de los pronombres. El autor piensa en «las hamburguesas», que es el título de la redacción, pero escribe *la hamburguesa,* que constituye el referente gramatical real:

  12. Líneas 3 y 10: *comérmelas* se refiere a «las hamburguesas», pero el referente inmediato es *la hamburguesa* o *un tipo de comida.*
  13. Línea 9: el referente inmediato y gramatical *de su contenido de carne* es *hamburguesería* y no «hamburguesas».

14. Líneas 7-8: la ausencia de concordancia entre *cuando salgo con los amigos...* y *deciden entre todos* provoca extrañeza, como mínimo, porque no se aclara de ninguna otra forma:

Cero puntos por los cuatro errores.

- **Orden de las palabras**. Bastante aceptable excepto en un caso, que es muy coloquial:

15. Líneas 7-8: Inversión de la subordinada completiva con inclusión del pronombre *lo*. Debería ser: *Sólo pienso que no me gusta cuando...*

Le resto medio punto.

CORRECCIÓN: 3 puntos.

- Faltas de **gramática, ortografía** o **léxico**:

16. Línea 5: sobra el acento a *ó sea.*
17. Línea 6: el *que* vulgar debería ser *de los que.*
18. Línea 14: la forma *llevamos* (1ª p.) no concuerda con el sujeto elíptico que se entiende de *como lo hacen en América* (3ª p.).
19. Párrafo tercero: anacoluto (véase núm. 4). Aquí se penaliza la incapacidad de construir una frase sintácticamente correcta.
20 Línea 20: *se ve más subida* debería ser *se ha visto incrementada* o simplemente *se ha incrementado.*

No tengo en cuenta la asimetría de preposiciones y conjunción en las líneas 9-11: *desconfío de..., de... y porque...* Las cinco faltas representan 3 puntos.

VARIACIÓN: 0 puntos.

Los recursos expresivos utilizados en el texto son escasos y reiterativos. El léxico es el apartado más pobre, con repeticiones abusivas (4 *me gusta*, 3 *un tipo de*, 2 *sitios*, 2 *desconfío* y 1 *desconfianza*). El ejemplo más flagrante es la palabra *comer*, que se usa cuatro veces como verbo y tres como sustantivo y que sólo tiene un sinónimo: *consumen*. Además, las limitaciones léxicas dificultan la expresión en frases como *de la preparación y de la sanidad de los sitios* (línea 19). La sintaxis es simple y poco variada, con repetición de conectores (*y* y *ya que*). Finalmente, las escasas 200 palabras y el nivel general básico de la redacción demuestran poca elaboración y un grado de riesgo muy bajo en el uso del lenguaje. En consecuencia, cero puntos.

La suma de los parciales da una nota global de 8,5 puntos sobre 25. Los apartados más valorados son los superficiales de cohesión y corrección (2,5 p. y 3 p., respectivamente), mientras que los más penalizados son coherencia (1 p.) y variación (0 p.). (En el capítulo siguiente, se incluye una posible reformulación del texto.)

El ejemplo descubre ventajas e inconvenientes de la técnica evaluativa que merece la pena comentar. Por una parte, un análisis de este tipo permite hallar y clasificar los errores más minúsculos, hasta el punto de trazar una auténtica radiografía del texto. No queda nada por entender o decir; la nota final lo contempla todo. Por otra parte, también aparecen algunas dudas: no siempre es fácil asignar a cada error una categoría, porque muchas faltas se interrelacionan entre sí y afectan a todo el texto (por ejemplo: los errores de cohesión quizás alguien los atribuiría a corrección). Por otra parte, se tratan del mismo modo errores de gravedad muy distinta (ejemplo: un anacoluto, un acento o una imprecisión léxica). Además, al tener que evaluar cada categoría por separado, se corre el riesgo de penalizar en exceso el texto, de castigar dos veces la misma falta.

Pero el objetivo del ejercicio no es juzgar de forma absoluta una redacción, sino mostrar a los alumnos todos los aspectos que hay que tener en cuenta en un escrito. Recordemos que son ellos mismos los que analizan el texto y le ponen nota. Mi experiencia demuestra que la actividad es muy válida y que consigue desarrollar un poco más la conciencia sobre lo que es un buen escrito y cómo se consigue. Con alumnos de nivel más bajo se pueden preparar unos criterios de corrección más simples.

7. Reformulación de un texto

Objetivos:

1. Analizar los errores de coherencia de un texto y una posible versión corregida suya.
2. Analizar el proceso de reformulación que se ha seguido para reescribir el original.
3. Aprender a autocorregirse los textos siguiendo las instrucciones del profesor.
4. Practicar la reformulación de textos, haciendo hincapié en los aspectos de coherencia.

Procedimiento:

Preparación previa:

1. Los alumnos escriben libremente una redacción sobre un tema determinado. (Es aconsejable un tema y un tipo de texto en los que la coherencia -organización, estructura, información- sea fundamental; ej.: argumentación, exposición, comentario de texto, etc.).
2. Corrige todos los trabajos minuciosamente. Concéntrate especialmente en los errores de coherencia. De haberlas, puedes utilizar marcas de corrección.
3. Escoge una de las redacciones que sea representativa del tipo de errores de coherencia que han cometido los alumnos. Reescríbela reformulando los errores y respetando escrupulosamente las opiniones e intenciones de su autor. (Pídele permiso para utilizar su texto.)

Primera sesión:

4. Reparte a los alumnos una fotocopia del original y de tu versión corregida. Los alumnos tienen que leer ambos textos, compararlos y analizar los cambios. Pueden seguir los pasos siguientes:
5. Subrayar en los dos textos los cambios que se han producido (15').
6. Responder las siguientes preguntas (15'):
   - ¿Por qué están mal los fragmentos subrayados del original? ¿Qué tipo de error son?
   - ¿La nueva versión supera estos errores? ¿Por qué?
   - ¿Cómo se ha reformulado el original? ¿Qué pasos se han seguido?
7. Puesta en común del grupo clase. El alumno autor del original aclara cualquier duda y manifiesta si está de acuerdo con la nueva versión. Como autor de la corrección, expón cómo has reformulado el texto (30').

Segunda sesión:

8. Reparte las redacciones corregidas. Cada alumno revisa y reformula su texto a partir de tus anotaciones y teniendo como punto de referencia el ejercicio comentado. Tutoriza su trabajo con consultas periódicas (60').

Corrección y valoración finales:

9. Corrige el texto reformulado comprobando que se hayan seguido sus instrucciones. Es imprescindible que dispongas de las dos versiones del texto.

Tiempo: Dos sesiones de 60 minutos cada una.

Material: Fotocopias de la redacción original y de la versión corregida.

El principal objetivo de esta técnica de *reformulación* es enseñar a los alumnos lo que es incoherente, lo que es coherente y la manera de pasar de lo uno a lo otro. Se trata de una actividad completa de corrección, durante la cual los alumnos escriben un texto, leen y comentan a fondo las correcciones del profesor hechas sobre éste y, siguiendo sus instrucciones precisas, lo reformulan. He desarrollado la técnica a partir de una propuesta de Tricia Hedge (1988).

Cabe tener en cuenta los puntos siguientes:

- El único paso que debe realizarse forzosamente en clase es el comentario (puntos 4-7), que ocupa una sesión de una hora. De ser necesario, la reformulación (punto 8) también pueden realizarla los alumnos en su casa, como la primera versión de la redacción. Pero quizás es preferible realizarla en clase, porque de este modo puede haber más control y guía del maestro.
- El ejercicio requiere un esfuerzo especial por parte de profesor y alumnos: éste tiene que reescribir completamente una redacción, aparte de corregir dos veces el resto, y la intensidad con que tienen que trabajar aquellos también es muy notable: escribir, revisar y reformular un texto, analizar y comentar detalladamente otro. Por estas razones, creo que no es conveniente repetir muchas veces este tipo de ejercicio en un mismo curso; una o dos ocasiones será suficiente.
- El mejor momento del curso para realizarlo es durante el primer trimestre, cuando se plantean todas las cuestiones sobre la corrección.
- En el análisis comparativo de las dos versiones, se deberían tener en cuenta los puntos siguientes: las informaciones que se han añadido, las palabras que han cambiado de lugar, las palabras que se han suprimido y las razones para hacer cada uno de los cambios.

Un ejemplo de reformulación de un texto de un alumno puede ser el siguiente, basado en la redacción *Comer hamburguesas,* comentada en el apartado anterior. La reformulación se concentra sobre todo en los errores más graves de coherencia (falta de información, estructura, etc.):

> «Redacción
>
> La hamburguesa es un tipo de comida que, de verdad, no me gusta nada. Sólo me la como de manera muy sencilla con el pan un poco tostado, sin cebolla, tomate, ensalada y todo un largo etc.; o sea, sin ningún complemento o guarnición de los que la mayoría de gente quiere.
>
> Sólo pienso que no me gusta cuando salgo con los amigos a cenar y se decide entre todos ir a una hamburguesería. Por el tipo de persona que soy, que me gusta ver lo que como y de qué está hecho, desconfío del contenido de carne de la hamburguesa y también de la higiene y condiciones de sanidad de estos establecimientos. Pienso que no son muy sanos.
>
> Sobre este último punto creo que comer hamburguesas como lo hacen en América, que a menudo consumen muchas, porque es rápido y por la vida que se lleva, no puede ser muy sano. Abusar no es bueno.
>
> La desconfianza habitual se ha incrementado estos días con la gran polémica que ha surgido entre las asociaciones de defensa del consumidor y las hamburgueserías. Las primeras criticaron la calidad nutritiva de la hamburguesa y las segundas presentaron una querella judicial. Parece que todo ha terminado con una fuerte indemnización a las empresas afectadas, las hamburgueserías. Según dicen, eran rumores falsos.»

Quizás esta reformulación del original no solucione todos los problemas de la redacción y deje insatisfechos a los maestros más exigentes, pero debemos recordar que se trata de un simple ejercicio para la clase, no de un original para publicar. Con el empeño de corregir absolutamente el texto nos alejaríamos del marco académico y la actividad perdería sentido.

Tanto para el alumno como para el maestro, los errores más difíciles de corregir son los de *coherencia.* Me refiero a los aspectos relacionados con la información y la estructura del texto: la selección y la organización de las ideas, la construcción del párrafo, el orden o el punto de vista del autor, etc. Las faltas de gramática (acentos, flexión del verbo, leísmo, etc.) se corrigen con rapidez y seguridad casi robótica por varios motivos: disponemos de una gramática normativa clara en la mayoría de puntos; se trata de cuestiones superficiales que afectan sólo a partes aisladas y pequeñas del texto (letras, palabras o, máximo, una frase); y los profesores hemos sido entrenados en corregirlas y lo hacemos con suma facilidad.

Asimismo, los alumnos no tienen problemas para entender las correcciones sobre estos aspectos: una simple tachadura o una señal son suficientes para indicar que una b o un pronombre están mal utilizados. En última instancia, si el alumno no se da cuenta o no sabe reformular el error, se le puede explicar el razonamiento gramatical o la regla subyacentes, y la solución correcta correspondiente.

Al contrario, los errores de coherencia plantean problemas muy distintos. En primer lugar, son difíciles de identificar por dos motivos: afectan a partes extensas del escrito (tres o cuatro frases, un párrafo, una página) y se sitúan en un nivel profundo, en la raíz del texto (estructura de la información, claridad de ideas...). Para hallarlos, debemos leer el texto completo y con mucha atención; algunas veces incluso requerirá una doble o triple lectura.

Por otra parte, no existe una normativa o una «gramática» objetiva y unívoca sobre la coherencia. La mayoría de cuestiones tienen un componente subjetivo o de elección personal que dificulta la corrección: una misma idea puede ser más clara para unos que para otros; un mismo texto puede articularse a través de varias estructuras; no existen modelos concretos y cerrados de un párrafo, una introducción o un resumen, etc. Un mismo error se puede corregir de maneras muy diversas, de modo que es muy difícil elegir la solución más adecuada al sentido y al estilo del texto, o la versión que escogería su autor. Si ya es difícil encontrar los errores, escoger una solución puede resultar aún más complejo y comprometido.

Además, a este conjunto de problemas lingüísticos, debemos añadir las cuestiones estrictamente didácticas: ¿Cómo se marca en una redacción que sus ideas están desordenadas, que se repiten o que algunas son ambiguas, embrionarias o subdesarrolladas?, ¿qué se le dice al alumno, al autor del texto?, ¿cómo se le puede demostrar que su escrito está mal?, ¿cómo se le puede enseñar a mejorarlo?

En la práctica, los profesores tachamos los fragmentos incorrectos y anotamos algún comentario del tipo: «Este fragmento no se entiende», «Eso ya lo has dicho más arriba», «Está muy desordenado», «Es impreciso»; y acabamos con una instrucción lacónica: «Reformula este fragmento», «Ordena lógicamente las ideas», «Revísalo», etc. No cabe duda de que sólo con estos comentarios es imposible que los alumnos entiendan la índole de sus errores y los enmienden. Lo que suelen hacer es copiar literalmente el original y añadir algunas modificaciones dispares, azarosas, con poca reflexión o ninguna y, lo peor, sin convicción de estar mejorando la redacción.

No hay suficiente con citar el tipo de error cometido y el método para corregirlo. El alumno necesita ver la forma correcta o una posible versión rectificada de lo que ha hecho mal para comprender cómo debe hacerlo. Del mismo modo que para aprender ortografía se le muestran las palabras correctas correspondientes a sus errores, y se le explican los criterios o reglas gramaticales por los cuales se prefiere una forma a otra; con la coherencia deberíamos actuar de la misma manera, comentando los errores, sus soluciones y los factores generales que determinan que un texto sea coherente. A tal fin, es muy útil esta actividad de *reformulación de escritos*, así como las prácticas colectivas de corrección y comentario de textos, sobre todo si se pone énfasis en los aspectos de coherencia del texto.

8. La subasta

Objetivos:

1. Aprender las faltas de ortografía, gramática o léxico más frecuentes y difíciles, que se resisten a ser corregidas.
2. Reflexionar sobre la aplicación de algunas reglas de gramática en puntos concretos de la lengua.

Procedimiento

Preparación:

1. Durante el curso, haz una lista de las faltas más repetidas y generales en el conjunto de alumnos de la clase. Pueden ser palabras, oraciones o fragmentos con los errores de ortografía, gramática o léxico que los alumnos no acaban de aprender. Deben tener un nivel apropiado al curso y a los alumnos, ni muy fáciles ni demasiado raras. Lo idóneo sería que los alumnos pudieran razonar la regla gramatical que determina la corrección/incorrección del fragmento en cuestión.
2. Prepara una lista con las 20 o 25 faltas elegidas, del modo siguiente:

   - Redáctalas con claridad y concisión.
   - La mitad tienen que aparecer en su forma incorrecta; y la otra mitad en su forma correcta. Mézclalas al azar.
   - Numera los ítems del 1 al 25.
   - Prepara una fotocopia o una transparencia para el retroproyector. También puedes escribirlas en la pizarra.

Realización:

3. Explica a los alumnos los objetivos y la mecánica del juego. Asegúrate de que comprenden todas las reglas de la subasta (consúltalas en el cuadro de más abajo) (5').
4. Forma grupos de 3 o 4 alumnos como máximo, heterogéneos y con niveles variados. No debe haber más de 7 o 8 grupos. Da nombre a cada grupo con una letra (5').
5. Presenta la lista de ítems que hay que subastar. Cada grupo debe decidir qué números le interesa comprar (10').
6. Juego de la subasta. Actúa como subastador, mientras los grupos pujan. Consulta las reglas del juego (20').
7. Terminado el juego, repasa cada ítem explicando si es correcto o no y por qué. Los grupos pueden ayudarte. Recuerda las reglas gramaticales que deben tenerse en cuenta en cada ítem. Al final, comprueba qué grupo ha ganado el juego (20').

Tiempo: 60'

Material: Lista de ítems que subastar (palabras, frases, fragmentos, etc.).

REGLAS DE LA SUBASTA

Juego:
Se subastan 20/25 expresiones, correctas e incorrectas, extraídas de las redacciones de los alumnos. El juego consiste en comprar el mayor número de ítems correctos con la menor cantidad de dinero posible. En caso de empate también se cuentan los ítems incorrectos que se han adquirido (gana el que tenga menos).

Grupos de alumnos/licitadores:
Pujan para adjudicarse los ítems que deseen. Las pujas deben tener un mínimo de 50.000 pesetas. Cada grupo dispone de dos millones de pesetas.

Director de subasta (maestro/a):
Presenta cada ítem a subasta (pero sin comentar nada que pueda indicar su corrección o incorrección). Abre y cierra cada turno de pujas y anima a los licitadores (también él o ella puede licitar). Antes de adjudicar un ítem debe dar tres avisos: ¡tres golpes en la mesa! Si algún ítem no tiene licitador se pasa al siguiente.

La experiencia de encontrar en las redacciones de los alumnos los mismos errores una y otra vez, después de haberlos comentado y corregido hasta la saciedad, produce enojo y frustración. Pero si recordamos nuestra experiencia como alumnos de lengua en la adolescencia o estudiando otro idioma, seguramente podríamos aportar algún ejemplo de palabra, expresión o regla gramatical bastante corriente, que se nos resistía y que provocaba dudas y faltas. Incluso en nuestra lengua habitual es probable que algún aspecto gramatical se nos escape y que debamos consultar la gramática o el diccionario, porque nunca se llega a saber todo.

La idea de la subasta consiste en crear una situación motivadora y divertida, alejada de la escritura y de la clase, que implique a los alumnos con sus faltas más resistentes. Se pretende que en adelante puedan recordar cuál es la forma correcta de los errores, al relacionarla con el juego que han experimentado en el aula. Por este motivo, la actividad tiene un carácter muy lúdico, debe adecuarse a las necesidades de los participantes y consume bastante tiempo. Pero la rentabilidad que tiene puede sorprendernos gratamente. Me contó y recomendó esta técnica el profesor Jordi Plens, que la utilizaba con estudiantes adultos de idioma, pero se puede adaptar perfectamente a todos los niveles.

En el ejemplo siguiente, los ítems de subasta son vocablos corrientes no autorizados por la Real Academia de la Lengua (Miranda Podadera, 1987); pero también podrían utilizarse frases, expresiones o incluso fragmentos breves de texto.

PALABRAS DE LA SUBASTA

1. anexionamiento	8. geranio	15. neumonia
2. cóndor	9. folletón	16. botillería
3. costipado	10. divergir	17. inclusivemente
4. diabetes	11. aquijotado	18. policromo
5. carnecería	12. océano	9. tiraje
6. esquís	13. herborista	20. insania
7. autentizar	14. ojalá	

Las palabras impares son las incorrectas (las correctas correspondientes serían: *anexión, constipado, carnicería, autenticar* o *autentificar, folletín, quijotesco, herbolario, neumonía, inclusivamente* y *tirada*). Al ser palabras sin contexto y azarosas, resulta más difícil saber cuáles son correctas. Pero si la selección de ítems se basa en los errores cometidos en las redacciones, y se utilizan las mismas palabras y temas, los alumnos reconocen inmediatamente el fragmento y la subasta adquiere una motivación inusitada.

9. Taller de escritura

Objetivos:

1. Ceder la iniciativa sobre la organización de la escritura a los alumnos: tema, ritmo, estilo, etc.
2. Practicar la escritura de forma real y viva.
3. Individualizar el aprendizaje y las correcciones del profesor.

Procedimiento:

1. Explica a los alumnos lo más importante de la actividad:
   - Se dedicarán un número determinado de clases –que tú decides– a escribir libremente sobre un tema.
   - Cada alumno debe escoger tema y escribir a su gusto.
   - El profesor estará en clase y hablará con cada uno sobre lo que se está escribiendo.
   - Al final de las clases los alumnos deberán enseñar lo que han escrito al resto de la clase y al maestro.
2. En cada clase del taller, los alumnos se dedican básicamente a escribir y a entrevistarse con el profesor para hablar de lo que están escribiendo. No hay otra actividad que hacer. La entrevista es muy importante. Maestro y alumno resuelven en ella los problemas de composición (coherencia, léxico, gramática, etc.) que se presentan.
3. Evalúa los escritos al terminar la actividad. Puedes valorar el protocolo completo de textos (borradores, esquemas, etc.) y no sólo la versión final.

Tiempo: Variable; desde una sesión de una hora hasta un curso entero.

Material: Ninguno.

Como se ha visto (pág. 16), uno de los principales problemas de la corrección es la poca motivación del alumno para aprovecharla. Se suele realizar sobre la versión final del texto, cuando aquél ya la ha dado por concluida y no tiene ningún sentido revisarla de nuevo. Una alternativa a este problema es corregir los borradores y los esquemas previos a la versión final, pero los alumnos no están tampoco muy acostumbrados a mostrar sus garabatos sucios y provisionales. Con estas circunstancias, el *taller de escritura* se presenta como única vía válida para desarrollar una corrección realmente efectiva.

Se trata de una actividad global, que pretende desarrollar las capacidades de redacción de una forma práctica y natural. Lo que me parece más nuevo e importante es la colaboración maestro-alumno (en la línea del modelo *colaboración mutua* de Stelzer Morrow; véase pág. 18). Ambos colaboran dinámicamente en el proceso de composición del texto: el maestro ayuda a clarificar los objetivos comunicativos del escrito, enseña al alumno cómo puede escribir una idea determinada, apunta las estrategias que hay que seguir en cada momento, etc. El alumno puede desarrollar así su propia manera de escribir y no sufre ninguna imposición.

Conocido con varios nombres: *clase de redacción, texto y escritura libre* o *área de expresión*, el taller no es un absoluto desconocido entre nosotros. Quien más quien menos lo ha practicado alguna vez, pero en los últimos años se ha puesto de moda; quizás a consecuencia del éxito relativo de los novelistas norteamericanos más jóvenes (del «*dirty realism*» o de otras corrientes), algunos de los cuales confiesan haber participado como alumnos o maestros en talleres de escritura creativa; o también por la proliferación de experiencias varias en las grandes ciudades españolas, animadas especialmente por escritores sudamericanos (que son los importadores de la técnica de Estados Unidos). También han aparecido diversos manuales sobre el tema: Sánchez Enciso y Rincón (1985), Auladell y Figuerola (1989), Sunyol (1992), Alcoverro (1993).

En América, el taller está muy desarrollado, como todo lo referente a la escritura y a su enseñanza. Se realizan talleres de todo tipo: de escritura creativa (poesía, narración), funcional (correspondencia, informes laborales), científica (comunicaciones a congresos, investigación), académica (exámenes, escribir para aprender), técnica; para estudiantes de universidad, para extranjeros, alumnos de enseñanza básica, etc. Los objetivos, la metodología y la bibliografía utilizadas varían en cada caso.

En cambio, en España su práctica se relaciona casi exclusivamente con lo literario, con la clase de literatura, la formación de escritores creativos o las tertulias sobre poesía o narración. No hay ninguna razón objetiva para que esto sea así: el taller es un instrumento potentísimo para aprender lengua y escritura; puede centrarse en textos y contenidos no literarios; y se obtiene la misma motivación y diversión que con la literatura.

Los aspectos más importantes que cabe tener en cuenta en la organización del taller son los siguientes (también se puede consultar la técnica siguiente, que mantiene ciertas similitudes con el taller):

1. **Tema libre**

El alumno tiene que escribir sobre un tema que le interese, para que pueda disfrutar escribiendo. La única manera de que sea así es que él o ella decida sobre qué quiere escribir. Quizás al principio esto le desoriente un poco. ¡Está tan acostumbrado a que otros decidan por él qué tiene que escribir, cómo, cuándo y de qué forma! Además, muchos alumnos piensan que no tienen nada interesante que contar o que en su vida no ocurre nada especial que merezca la pena escribir o que pueda interesar a otros. Asocian la escritura exclusivamente a los temas académicos o cultos, a las áreas del currículum o a los libros de texto. El maestro tiene que ayudarles con ideas, preguntas y sugerencias para que ellos mismos adivinen qué pueden hacer. Por ejemplo:

- *¿Quieres escribir sobre la realidad o quieres imaginar algo?* Sobre la realidad: tu familia, tus padres, tu casa, tu habitación, tus amigos, tú mismo, tu carácter, tus actividades, tus aficiones, tus gustos, tus excursiones, viajes, etc. Con imaginación: un viaje, una mascota, un animal fantástico, un invento nuevo, un objeto animado, etc.
- *¿Qué tipo de texto te gustaría escribir?* Algo personal: una carta, un diario íntimo, un libro de viajes, un cuaderno de notas sobre los amigos, etc. Algo académico: un trabajo de una asignatura, un estudio sobre un tema interesante, un resumen de un libro, notas sobre un experimento, etc. Algo divulgativo: una noticia, un reportaje, una encuesta, un artículo para la revista de la escuela, notas para un programa de radio, etc. Algo literario: un cuento, unas poesías, un diálogo entre personajes, etc.

Por otra parte, la ayuda del profesor no acaba con la elección del tema. A menudo, los alumnos se bloquean durante el trabajo porque «ya lo han dicho todo, no se les ocurre nada más que contar». Entonces, la guía del profesor debe buscar caminos nuevos para ampliar y profundizar sobre el tema. En el apartado siguiente se cuenta un caso ejemplar al respecto (pág. 109).

2. Entrevistas maestro-alumno

Su objetivo es ayudar al alumno a avanzar en la tarea que está realizando. En concreto, quizás deba profundizar sobre el tema a la búsqueda de ideas, quizás se haya bloqueado en algún punto, quizás necesite alguna técnica de redacción específica, etc. Una buena entrevista debería seguir los pasos siguientes:

1. El alumno verbaliza lo que está haciendo. El maestro le ayuda a explicarlo con preguntas.
2. Alumno y maestro leen el texto y lo comentan.
3. Alumno y maestro deciden cómo continuar.

El método Garrison, que se comenta más adelante, profundiza en la función del maestro en la entrevista. Algunos detalles importantes que pueden facilitar su trabajo son:

- En cada taller, cada alumno debe poder hablar con el maestro como mínimo una o dos veces. Esto significa que el profesor tiene que repartir su tiempo con equidad y que debe controlar las entrevistas que realiza. Puede anotar el seguimiento en un cuaderno.
- Ahorra bastante trabajo marcar en los escritos de alumno de qué se ha hablado y hasta dónde se ha comentado el texto. O sea, anotar una o dos palabras clave sobre el tema de la redacción y marcar el punto del texto hasta donde se haya comentado. Estas notas son de mucha utilidad en la siguiente entrevista, cuando el maestro tiene que recordar en muy poco tiempo lo que se hizo en la entrevista anterior (el tema del texto, donde se paró el comentario, etc.)
- En el caso de clases excesivamente numerosas, los alumnos pueden trabajar por parejas -como máximo-. La idea me parece una mala solución para un problema insoluble, pero es mejor practicar la técnica, aunque sea con limitaciones, que renunciar a ella.

El método Garrison

Uno de los teóricos que estudió las posibilidades del taller desde una óptica lingüística fue Roger Garrison, un profesor de redacción de Los Angeles, que desarrolló un método personal a principios de los años setenta, con el objetivo de superar los problemas de escritura que tenían sus alumnos. Se trata de una técnica global de perfeccionamiento de la redacción basado exclusivamente en los talleres de expresión. Se conoce con varios nombres: *Garrison, entrevistas uno a uno, expresión escrita centrada en la entrevista*; y ha sido comentado y evaluado por numerosos autores: Sokmen (1988), McGuire Simmons (1984), Golstein y Conrad (1990), Stelzer Morrow (1991).

Sokmen (1988) explica las características del método, entre las que destaca la corrección oral e individualizada:

PRINCIPIOS TEÓRICOS

1. Son los individuos los que tienen problemas de expresión escrita, y no los grupos o las clases.
2. La habilidad de escribir se puede adquirir con la práctica.
3. Los maestros podemos corregir los trabajos escritos de los alumnos durante la redacción.

4. Es más importante la calidad que la cantidad del tiempo que los alumnos pasan con el maestro.
5. Es más efectivo corregir los escritos si se hace en entrevistas orales que con anotaciones escritas en los textos. Está comprobado que los alumnos tienen dificultades para entender las notas manuscritas de los maestros.
6. El autoaprendizaje es el aprendizaje real. El alumno puede guiar su propio proceso de aprendizaje si se le da autonomía.

La función del maestro cambia radicalmente. Deja de ser el corrector de las faltas de los alumnos para convertirse en un asesor de su trabajo.

- El maestro actúa como *asistente* o *facilitador*, y no como *autoridad*. Lee el escrito del alumno y aconseja qué hacer para revisarlo.
- Es recomendable hacer entrevistas cortas (4 o 5') y hacer muchas y con frecuencia. Parece ser, también, que es mejor tratar en cada entrevista un solo aspecto y animar a los alumnos a hablar más de lo que hacen mientras escriben. Los primeros minutos de la entrevista los tienen que ocupar los alumnos hablando de lo que hacen.
- Las preguntas sobre el escrito que deben hacerse en la entrevista son: *¿Cómo va el texto? ¿Qué te sorprende? ¿Puedes pensar en una manera diferente de decir lo mismo? ¿Te gustan el principio y el final del texto? ¿Cómo te suena este borrador cuando lo lees en voz alta? ¿Qué puedes hacer para mejorar el texto?* El objetivo de las preguntas es crear un diálogo con los alumnos que les dé más capacidad para valorar lo que hacen, y que les permita verbalizar lo que piensan sobre su escrito y sobre el tema de qué escriben,

En la versión original del método, los alumnos se dedican exclusivamente a escribir. Cada curso consta de un número determinado de tareas de escritura, que los alumnos tienen que realizar obligatoriamente si quieren conseguir el correspondiente nivel. Las tareas no están graduadas por niveles de dificultad. No se hacen exámenes, ni tests, ni se corrigen trabajos de forma escrita. Este enfoque didáctico tiene muchos puntos en contacto con el trabajo por tareas, o el "project work", desarrollado sobre todo en la enseñanza del inglés como lengua extranjera.

Sokmen (1988) menciona la posibilidad de combinar el taller con otros planteamientos más tradicionales (clases magistrales, ejercicios de sintaxis, etc.), pero las pocas evaluaciones que se han hecho del método demuestran que es más eficiente cuando se pone en práctica de forma pura. De todos modos, pensando en los maestros y los alumnos que tenemos poca o ninguna experiencia en la organización de actividades de este tipo, sería un cambio demasiado brusco el pasar de la noche a la mañana a organizar un taller de escritura que durara todo un curso o incluso un mes. Creo que es mucho más razonable mezclar esta técnica con los planteamientos más tradicionales, que son los que alumnos y maestros dominan, y avanzar lenta pero firmemente hacia una aplicación más sistemática del taller, a medida que unos y otros nos acostumbramos a ello.

10. Redacción desarrollada

Objetivos:

1. Redactar un escrito de extensión considerable.
2. Mejorar las estrategias de composición de textos escritos.
3. Recibir orientación y corrección individualizada del profesor.

Procedimiento:

- Preparación: Decide qué tiempo dedicarás a la actividad (un mes, dos, un trimestre) y qué extensión deberá tener la redacción.

1. Reparte la hoja informativa para el alumno *Redacción desarrollada* y explícala con detalle a los alumnos. Pon ejemplos como el de Soledad (ver comentarios). El éxito de la actividad depende en parte de esta exposición (30').
2. De vez en cuando, al inicio de una clase, comenta el estado de la actividad: los temas escogidos, el número de alumnos que han empezado a escribir y los que no lo han hecho aún, la forma de trabajar...
3. Cuando lleguen, lee los textos de los alumnos y coméntaselos oralmente. También puedes dar indicaciones por escrito, si no hay tiempo para hablar con todos. Debes dar instrucciones muy precisas sobre cómo tienen que continuar escribiendo los alumnos.
   - Eventualmente, puedes dedicar una clase completa a un *taller de escritura* sobre la redacción. Los alumnos trabajan individualmente en sus proyectos. Aprovecha el tiempo para asesorarles.
   - Puedes intercalar durante el proceso de trabajo otras actividades de corrección, que pueden ayudar a los alumnos a mejorar sus textos: *reformulación, puntuación, preguntas*, etc.
4. Cuando terminen la redacción o acabe el tiempo establecido, pon una nota final basada en el proceso de composición que ha seguido cada alumno. (Véanse comentarios.)

Tiempo: La actividad ha sido diseñada para desarrollarla paralelamente a las clases. Los alumnos escriben en sus casas y el maestro corrige fuera del horario lectivo. El tiempo real de dedicación en clase puede ser muy bajo (la presentación, los comentarios globales) o más alto, si se dedican sesiones al taller de escritura, a hacer entrevistas con los alumnos, etc. Pero los alumnos estarán trabajando sobre su texto durante el tiempo que tú hayas decidido previamente.

Material: Fotocopias de la hoja informativa para el alumno.

Esta puede ser una hoja informativa con los puntos esenciales de la actividad:

REDACCIÓN DESARROLLADA

Hoja informativa para el alumno

Objetivos:

1. Redactar un escrito de extensión considerable.
2. Mejorar las estrategias de composición de textos escritos.
3. Recibir orientación y corrección individualizada del profesor.

Tarea:

Escribir durante un mes (dos meses, un trimestre) una redacción de unas 1.000 (2.000-3.000) palabras de tema libre.

Etapas de realización:

1. Escribe un esquema con el título del tema escogido, una justificación de su interés y una lista de ideas para tratarlo (máximo 200 palabras). Muéstralo a tu maestro y coméntalo con él.
2. Sigue sus instrucciones para escribir.
3. Cuando esté terminado, tendrás una nota final de tu trabajo.

Sistema de trabajo:

– Tú marcas el ritmo de trabajo: el maestro te comentará y corregirá todo lo que tú pidas.
– El maestro te dará instrucciones precisas sobre qué hacer en cada momento. Debes hacerle caso.
– No rompas ni tires ningún papel de tu trabajo (esquemas, borradores, anotaciones, apuntes...). Guárdalo en una carpeta o libreta y muestra siempre todos los papeles al maestro.

Evaluación:

– Lo más importante es tu trabajo de preparación y elaboración de la redacción. La nota final será:

- 70 %: Preparación, borradores, esquemas...
- 30 %: Calidad final de la redacción.

La *redacción desarrollada* intenta ser un taller de escritura compatible con otras prácticas didácticas de lengua. La mayoría de escuelas españolas no incluyen en su currículum una asignatura o materia específica de redacción –y quizá sería muy beneficioso que existiera, como en Estados Unidos–, sino que ésta comparte el área de *lenguaje* con otras actividades: lectura, expresión oral, análisis gramatical, etc. En consecuencia, se tienen que compaginar los trabajos de redacción con los de sintaxis, pronunciación, literatura, etc. Actividades tan globales y provechosas como el *taller de escritura* pueden practicarse un día o dos, pero resulta casi imposible dedicarles el período intenso de un mes, un trimestre o un año, que sería el necesario.

Sin renunciar a las demás prácticas y contenidos del área de *lenguaje*, la redacción desarrollada conserva algunas de las características del taller: actividad extensiva o a largo plazo, trabaja sobre los borradores, elabora el texto a conciencia, el alumno escoge tema, etc. La única diferencia es que el alumno escribe en casa y que la corrección puede realizarse por escrito, si no hay tiempo para entrevistas.

Respecto a la planificación de la técnica, se deben tener en cuenta los aspectos siguientes (también puedes consultar el *taller de escritura*):

1. Extensión y tiempo

La inmensa mayoría de redacciones que escriben los alumnos en la escuela tienen una extensión de una o dos caras y se realizan semanalmente; lo que indica que el alumno dedica a la actividad poco tiempo: quizás una o dos sesiones de una hora. Al ser textos breves, no presentan muchas dificultades de elaboración o revisión y el alumno resuelve el ejercicio con poco tiempo. Pero si se trata de escribir un texto de cinco o seis caras, la cosa cambia: se tiene que buscar información, seleccionarla, ordenarla, redactar, etc.; y requiere mucho más tiempo. El alumno topa con la exigencia del texto y con sus propias limitaciones. Siente la necesidad de buscar métodos de trabajo, de desarrollar estrategias de composición o de revisar. Agradece y reclama la ayuda del maestro como asesor del trabajo.

Por estos motivos, me parece muy interesante plantear redacciones de gran formato, de 1.000 o 2.000 palabras, para realizar en un período largo de tiempo: dos o tres meses. ¡Que nadie se asuste por las 2.000 palabras! Más o menos equivalen a 5-8 caras de DIN A4 y, también, a la misma cantidad de texto que escribiría un alumno durante el mismo período de tiempo, sumando todas sus redacciones. Extensión y tiempo se pueden adaptar a las características del grupo.

2. Ritmo de trabajo

Según el planeamiento original del ejercicio, los alumnos determinan el ritmo de trabajo: el número de entregas semanales o mensuales. El profesor no tiene la obligación de recordar a los alumnos sus deberes ni de estimularlos a escribir. Inevitablemente, esto provoca ritmos muy distintos de redacción: los alumnos más aplicados escriben cada semana y los más perezosos se abandonan para despertar al final, como siempre, cuando faltan una semana o días para acabar el plazo fijado. Así, al final del ejercicio, algunos alumnos habrán entregado siete u ocho borradores, por sólo uno, dos o ninguno de otros. Según el curso y el nivel de enseñanza, esto puede ser un inconveniente; por el contrario, puede interesar establecer un ritmo fijo de trabajo (un calendario de entregas), que limite el exceso de entregas de unos y obligue a poner manos a la obra a otros.

3. Instrucciones del maestro

Es uno de los puntos más delicados de la técnica. Su éxito o fracaso depende en parte de ellas. Unos comentarios acertados y claros permiten al alumno entender los errores que ha cometido, desarrollar el tema desde otro punto de vista, o progresar en su método de trabajo. En cambio, unas anotaciones complejas, ininteligibles o contradictorias pueden desorientarle, confundirle y truncar el proceso creativo de producción del texto. Por otra parte, las correcciones varían según muchos factores: el tipo de texto, el momento del proceso de redacción, el nivel lingüístico del alumno, etc. Consulta el apartado «¿Cuál es la forma más clara de marcar un texto?» (pág. 52) y también los comentarios sobre la entrevista maestro-alumno en la técnica anterior. Algunos trucos para facilitar la tarea son:

- Numerar desde 1 y fechar cada entrega que haga el alumno. Permite controlar el número de correcciones y el ritmo de trabajo.
- Utilizar siempre el mismo bolígrafo o rotulador, de un color particular. Permite identificar con rapidez las anotaciones anteriores.
- Leer primero las correcciones de las entregas anteriores. Permite formarse una visión del conjunto con rapidez. Debemos asesorar sobre todo el proceso de trabajo, no sobre lo último que haya escrito el autor.
- Dar una instrucción final breve, indicando cómo puede continuar el trabajo.

4. Evaluación

La nota final al trabajo depende de los criterios apuntados en la hoja informativa. Para el proceso, se pueden tener en cuenta: el número de entregas que ha hecho el alumno, el grado de desarrollo del tema, el número de reelaboraciones de borradores o fragmentos que haya hecho, el aprovechamiento de las instrucciones del maestro, etc Se puede utilizar el baremo de la pág. 00 como punto de referencia. Para el producto final: su calidad en gramática, coherencia, complejidad, originalidad, etc. Se puede utilizar el baremo de la página 87 como punto de referencia. Son raros los desequilibrios entre notas de los dos apartados; lo más corriente es que haya correlación. Finalmente, también se pueden valorar las sucesivas entregas, señalando aspectos positivos y mejorables del texto (véase pág. 37), y tenerlas en cuenta en la evaluación final.

5. Resultados

En estos momentos, seguro que algún lector-maestro pensará: «Sí, ¡mira qué ejercicio tan perfecto! No quieres caldo, ¡pues tres tazas! Nos quejamos siempre del exceso de trabajo y de la falta de tiempo para corregir... pues, ¡venga! El triple de trabajo, ¡a corregir cada redacción tres o cuatro veces!» Y no le falta de razón: es cierto que con esta técnica se corrige cada trabajo varias veces, pero la tarea requiere una ocupación relativa, porque siempre se corrige sobre el mismo texto y la segunda y las siguientes correcciones se realizan sólo sobre las primeras. En cada ocasión, nos concentramos sólo en los cambios o modificaciones que se han practicado de la nueva entrega. Por otra parte, las entrevistas orales ahorran las anotaciones escritas, que pueden ser muy laboriosas, además de asegurarnos que los alumnos entienden y aceptan nuestras indicaciones.

He practicado este ejercicio con mis alumnos de magisterio todos los años y estoy muy contento de los resultados obtenidos. Los alumnos escriben a gusto y presentan trabajos realmente interesantes y curiosos. La mejor prueba de que a ellos les agrada el ejercicio es que a final de curso la mayoría quieren recuperar la redacción entregada -al revés de lo que ocurre otras veces que, si no fuera por el empeño que tenemos los maestros en devolverlos, los ejercicios se llenan de polvo arrinconados en un armario hasta que alguien los tira-.

Durante varios cursos he podido leer de todo: la experiencia de una alumna como voluntaria olímpica para los juegos del 92 en Barcelona, cómo se consigue reciclar una casa abandonada, la pasión por la música de un alumno, los últimos días de vida de un amigo con cáncer terminal, un azaroso viaje en barca a la costa africana, etc. En general, se trataba de redacciones correctas, más o menos brillantes, que habían obligado a sus autores a escribir, reescribir y revisar repetidamente lo que querían contar, pero también a pensar, recordar, recrear, sentir y gozar de experiencias personales.

6. Ejemplos

Como punto final, creo que puede ser interesante relatar la experiencia de una alumna que no sabía sobre qué podía escribir. Soledad -así se llama- vino a verme al final de la clase, días después de haber presentado el ejercicio (primera entrevista). No tenía ni idea de sobre qué escribir. Había pensado en ello, pero no se le ocurría nada. Le propuse trabajar sobre algo que le gustara. «No se me ocurre nada», insistió. Recurrí al tópico de las aficiones y el tiempo libre. «Nada de particular: cine, pasear, salir con amigos...». Insistí con ironía, refiriéndome a aficiones «curiosas» o «secretas». Dudó unos instantes y respondió, en voz baja y tímidamente, que coleccionaba carteles de teatro. «¡Fantástico! Me parece una afición divertida e interesante. Puedes escribir sobre ello», reaccioné. Ella no acababa de creérselo. Le sugerí algunas ideas: cómo había empezado la colección, qué carteles prefería, etc. Se fue haciéndome la promesa de intentarlo.

En la primera entrega (segunda entrevista), el proyecto inicial de 200 palabras justificaba el tema por el interés personal que le merecía y por la originalidad. Hablaría de su colección, de cómo había nacido y de los carteles preferidos. Me pareció aceptable y le pedí que redactara la primera parte del texto. Cuando me lo trajo, éste empezaba expresando su interés por el teatro (dos frases), luego narraba la anécdota que ocasionó la colección (un párrafo) y el resto del texto (300 palabras) era una enumeración de carteles por orden de preferencia. Le comenté (tercera entrevista) que su redacción me aburría. El principio era correcto, pero la lista de carteles y obras de teatro perdía a cualquiera. Tenía que buscar aspectos nuevos del tema.

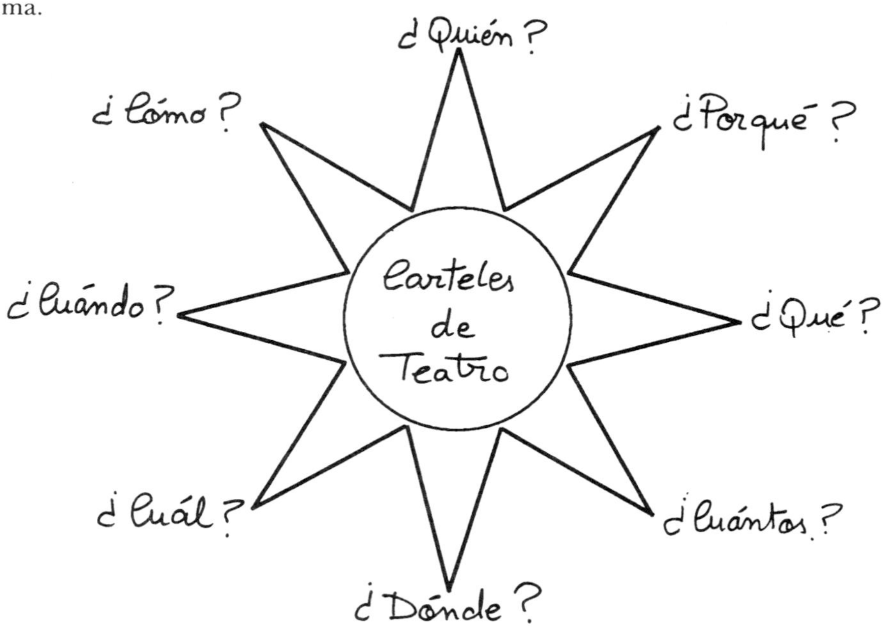

Días después vino a verme (cuarta entrevista) y me confesó que no sabía cómo continuar: «No tengo más rollo, me he quedado con 400 palabras». Nos sentamos y le mostré cómo podía utilizar la técnica de las 5Q (Qué, Quién, Dónde, Por qué, Cuándo) para buscar información. Dibujé esta estrella en su cuaderno y le pedí que formulara preguntas sobre el tema de los carteles:

Entre los dos encontramos una buena lista de ideas nuevas: ¿cómo conseguía los carteles?, ¿dónde?, ¿quién se los daba?; ¿cuáles eran los más queridos y por qué?, ¿tenía algunos colgados en la pared de su habitación?, ¿cuáles?; ¿dónde los guardaba?, ¿se había presentado quizás algún problema de espacio?; ¿cuándo empezó la colección?; ¿cómo eran los carteles?; podía describir alguno; etc.

En el siguiente borrador, Soledad desarrolló la mayoría de estos puntos y escribió una primera versión completa de la redacción. Era tremendamente desordenada: no había títulos, se pasaba de un punto a otro sin ninguna indicación, mezclaba párrafos, no había orden lógico de desarrollo de los temas. El contenido interesaba al lector, pero el caos estructural impedía una lectura placentera. Le recomendé (quinta entrevista) que ordenara los datos y que buscara una estructura completa del escrito. Le recomendé agrupar los temas en grupos y ponerles subtítulos; incluso cada párrafo podía tener un título escueto para guiar al lector.

La siguiente entrega ya era mucho más comprensible: el conjunto esbozaba todos los aspectos citados de una forma estructurada y clara. En este momento -¡y no antes!- (sexta entrevista) le marqué los errores gramaticales de la redacción y le dije que los repasara. La última corrección (séptima entrevista) la realicé exclusivamente sobre las revisiones de los errores de la anterior, y la siguiente entrega ya supuso la versión final del trabajo, que mereció buena nota.

En conjunto, Soledad tuvo que trabajar duro para escribir la redacción de 2.000 palabras, seguramente porque nunca antes había escrito algo tan largo que se basara sólo en su experiencia, sin recurrir a libros ni copias. Al principio, no sospechaba que su especial afición por los carteles pudiera ser objeto de un trabajo de redacción; tampoco sabía cómo buscar ideas o cómo ordenar las informaciones en párrafos estructurados; quizás tampoco tenía el hábito de escribir esquemas o borradores de una redacción. Con este ejercicio y a partir de mis indicaciones, aprendió todas estas estrategias de composición, aparte los contenidos de gramática. Además, su aprendizaje quedó plasmado en una redacción personal sobre una de sus más queridas aficiones.

11. Otras ideas

Más ideas para que cada uno aplique y desarrolle en clase:

1. Registros de escritura

Sólo observando al alumno cómo escribe, ya se aprende mucho sobre su forma de trabajar. A causa del énfasis absoluto en el producto, los maestros no prestamos mucha atención a los alumnos cuando escriben silenciosamente en el aula, cuando se examinan de una asignatura o preparan un tema para un trabajo. Con un poco de atención se descubre a los estudiantes tensos (que mueven nerviosamente un brazo o que golpean el pupitre con un pie), a los precipitados (que terminan una redacción en 10 minutos), a los pensativos (que no escriben nada: quizás por estar bloqueados o porque elaboran mentalmente el texto), etc.

Si se observa a los alumnos a menudo y se registran los datos en alguna ficha o archivo, al final del curso se dispone de una buena fuente de información para comprender y evaluar la escritura y el aprendizaje de cada alumno. Además de las calificaciones de las redacciones, algunos de los datos que puede ser interesante observar y registrar son:

- La frecuencia con que escriben los alumnos.
- El tipo de temas y escritos: personales, académicos, correspondencia, etc.
- Las actitudes durante la corrección colectiva: participación, nerviosismo, inhibición, etc.
- Las estrategias de composición observables.
- Su comportamiento durante un examen de redacción.
- El grado de colaboración con los compañeros.

Por ejemplo, el siguiente cuestionario permite concentrarse en el comportamiento del autor mientras escribe y en un primer análisis de sus textos:

CUESTIONARIO PARA OBSERVAR AL ALUMNO QUE ESCRIBE

1. ¿Qué hace el alumno durante los primeros momentos del proceso de composición? ¿Piensa, escribe, hace esquemas, garabatea, etc.?
2. ¿Qué tipo de producción escrita realiza antes de terminar la redacción: listas, esquemas, borradores, notas, nada, etc.? ¿Qué cantidad produce? ¿Qué hace con ellos después?

3. ¿Cómo son sus escritos? ¿Tienen tachaduras, dibujos, símbolos, flechas? ¿Escribe siempre de izquierda a derecha y de arriba abajo?
4. ¿Utiliza alguna técnica concreta (quizás practicada en clase): mapas mentales, torbellino de ideas, escritura libre, etc.?
5. ¿Corrige de un borrador a otro? ¿Hay muchos o pocos cambios? ¿A qué nivel del texto afectan: letras, palabras, frases, fragmentos, todo el texto?
6. ¿Consulta habitualmente alguna gramática, diccionario o enciclopedia? ¿Recurre al maestro o a compañeros para resolver dudas?
7. ¿Qué apariencia tiene el autor: tranquilo, nervioso, tenso, pasivo, etc.?
8. ¿Termina la redacción antes del tiempo previsto o del que requieren sus compañeros? ¿Necesita más tiempo del establecido? ¿Se apresura o precipita a escribir? ¿Se bloquea en algún momento?

Otros sistemas de recoger información son entrevistar a los alumnos (con preguntas como las del taller de escritura; véase 105); pasar cuestionarios individuales o encuestas para toda la clase; o utilizar un sistema de archivo como la *bitácora* o el diario personal.

2. Guión personal de corrección

Cada uno tiene su método personal de corrección. Hay quien prefiere releer el texto entero muchas veces y concentrarse en cuestiones distintas (significado, ortografía, puntuación, etc.) a cada momento. Algunos prefieren trabajar por partes: párrafos, frases, capítulos. También varían las técnicas: leer en voz alta o en silencio, usar rotuladores, tachar, reescribir, imaginar lo que pensará el lector, etc. Los escritores competentes han desarrollado sus propios sistemas de corrección y los aplican de forma flexible durante su escritura.

Una buena idea para trabajar con los alumnos es elaborar un documento personal al respecto: el *Guión personal de corrección*. La actividad consta de dos fases: una primera de reflexión y redacción del documento y una segunda de aplicación y reformulación. En la primera, los alumnos hablan sobre técnicas de corrección: se pueden contrastar varios modos de trabajar, el maestro puede presentar técnicas específicas y se pueden experimentar. (Podría ser bueno preparar un cuestionario y responderlo antes de la puesta en común.) A continuación, cada alumno debe elaborar una guía personal con los sistemas que considere más adecuados a su forma de escribir. Por ejemplo:

> **Guía personal de corrección de Daniel**
>
> 1) Pensando en el lector y en el contenido, leo el texto y anoto en los márgenes lo que no está claro. Lo corrijo.
>
> 2) Busco un lector para mi texto: el maestro, un compañero de clase (de la escuela, del trabajo), un amigo. Escucho todo lo que me dice y corrijo el texto.
>
> 3) Me concreto en la forma: gramática, puntuación, ortografía, léxico etc. Avanzo párrafo a párrafo. Consulto el diccionario y la gramática. Pido ayuda a maestros y amigos.
>
> Me comprometo a seguir esta guía de corrección en todos mis escritos de clase.
>
> Daniel

En la segunda fase del ejercicio, los alumnos utilizan sus guías personales y las evalúan y reformulan. Para cambiar el modo de corregir se debe modificar también la *guía personal.*

3. Preguntas sobre el texto

Una idea señalada por varios autores (Brannon y Knoblauch, 1982; Murray, 1982; Stelzer Morrow, 1991) es que el maestro tiende a corregir el texto del alumno según su punto de vista, según lo que piensa que debería ser un Texto Ideal. O sea, que la corrección se basa en analizar la distancia que hay entre lo que ha escrito el alumno, según sus opiniones, y lo que el maestro cree que debería ser; entre el texto real del alumno y el Texto Ideal que ha imaginado su maestro. Esto conduce inevitablemente a que el primero pierda su punto de vista y adopte el del segundo.

Al contrario, la corrección debería basarse exclusivamente en el punto de vista del alumno: en explorar su tema de interés y en aprender a expresarlo de manera comprensible para otros. El maestro debería actuar como un simple lector, contrastando lo que ha entendido con lo que quiere decir el autor-alumno. Corregir debería consistir en estudiar la distancia entre lo que realmente dice el texto y lo que quiere el alumno que se entienda; entre el texto real y el Texto Ideal del alumno, comprendido por cualquier lector.

El modo de evitar estas desviaciones es que alumno y maestro hablen o escriban sobre el texto: el metalenguaje o la metaescritura. Un ejercicio guiado para hacerlo es responder preguntas sobre el texto. Por ejemplo: *«¿cuál es el objetivo del texto?, ¿cuál es la idea central de cada párrafo?, ¿qué sensación produce el texto?, ¿hay algo que no se entienda?».* El alumno como autor y el maestro como lector las responden por separado y luego las contrastan. Se puede repetir la misma operación en momentos distintos de la composición. La reformulación del escrito debe buscar la convergencia de las respuestas.

4. TOM (trabajo de otra materia)

¡Cuántas veces se han quejado los profesores de sociales, ciencias o matemáticas, de que nuestros alumnos cometen muchas faltas en sus exámenes o trabajos! ¡Cuántas veces también hemos descubierto que los alumnos se concentran en la forma del escrito en la clase de lengua, pero no en la de sociales, ciencias o matemáticas! La interdisciplinariedad ha sido alabada y propuesta muchas veces, pero topa con importantes impedimentos: especialización, estructura por departamentos, poca tradición, etc.

El objetivo del *TOM* (literalmente: Trabajo de Otra Materia) es romper este círculo vicioso. Si dedicamos la clase a un taller de escritura o si planteamos una redacción desarrollada, podemos proponer temas de las materias del currículum escolar: los alumnos pueden aprovechar este espacio para escribir sus ensayos de ciencias o sus comentarios de textos históricos. Si da igual trabajar con un tema que con otro, si el alumno debe elegir su tema preferido, ¿por qué no escribir sobre un tema que sirva para otra materia, que le permita desarrollar su conocimiento en otra disciplina?

Algunas ventajas de la idea son que el alumno interrelaciona materias separadas; que se trabaja con la lengua de los ámbitos específicos del currículum y con sus dificultades (terminología, neologismos, abstracción, etc.); que ahorra tiempo; o que el alumno está doblemente interesado en el trabajo. Además, se pueden programar conjuntamente con los profesores de las materias en cuestión

5. Retrasar la corrección

Uno de los problemas más generales y graves de la escritura es la precipitación. Los alumnos se apresuran a rellenar la hoja blanca vacía y, cuando llegan al final, dan por concluida la redacción. Si les pedimos que la revisen o corrijan, echan una ojeada rápida, cambian algunas letras o un par de tildes y basta. Está claro que ésta no es la manera apropiada de proceder. Los maestros, que tuvimos –¡y tenemos!– que escribir a menudo, sabemos muy bien como cuesta escribir y las numerosas revisiones que siempre se tienen que aplicar a un borrador para conseguir un texto mínimamente decente.

Una buena estrategia para cambiar estas actitudes consiste en alargar el proceso de escritura, o sea, en posponer la correción final del texto. Cuando el alumno da "prematuramente" por terminado su trabajo escrito y espera que se le corrija, podemos retrasar la valoración final un tiempo prudencial y, mientras tanto, pedir al alumno que regrese sobre su escrito para realizar dos o tres pequeños ejercicios. Vamos a ver un par de ejemplos dispares:

1. Dictado. Los alumnos han copiado el texto dictado, lo han revisado y esperan la corrección (en la pizarra, abriendo el libro de texto o de lectura, con una fotocopia, etc.). Antes de hacerla el maestro pide, por ejemplo:

- Contar el número de palabras acentuadas que tiene el texto, el número de haches, de uves, de puntos seguidos (si se trabaja sobre la puntuación), de mayúsculas, etc.

Los alumnos deben decir en voz alta el número total encontrado. Supongamos que haya doce acentos y cinco haches: unos aciertan, otros no llegan (diez o nueve y tres o cuatro), y unos pocos se pasan. Cuando se anuncia la cifra correcta, los alumnos con errores se lanzan de manera espontánea a revisar su texto. Tienen una idea concreta de lo que pueden corregir y están motivados para hacerlo.

Esta operación puede repetirse dos o tres veces con aspectos distintos antes de proceder a la corrección tradicional.

2. Redacción sobre un tema fijo. El procedimiento puede ser el mismo, cambiando las instrucciones o tareas que hay que realizar antes de que el alumno concluya el texto. Por ejemplo:

- Se pueden apuntar en la pizarra, con la ayuda de todo el grupo, las palabras o expresiones más importantes relacionadas con el tema, que muy probablemente aparecerán en los escritos de los alumnos y que pueden ocasionar problemas de ortografía.
- Podemos pedir al alumno que cuente, por ejemplo, el número de párrafos que ha escrito, el número de ideas distintas que expone, el número de palabras por cada frase (palabras entre punto y punto). Y podemos dar algunas orientaciones y pistas sobre como deberían ser estas cuestiones.

En ambos casos el objetivo de la técnica es desarrollar una nueva actitud de revisión y enseñar al alumno a concentrarse en aspectos selectivos de su texto.

En conjunto, son cinco o más ideas para corregir, nuevas herramientas –como decía en la presentación de este apartado– para reparar las escrituras de nuestros alumnos, y para enseñarles a que se las reparen ellos mismos. Confieso que muchas de estas ideas las aprendí de libros y artículos sobre el tema. Pero también se me ocurrieron algunas trabajando con mis alumnos en el aula. Y, sea cual sea su procedencia, he tenido que aplicarlas y desarrollarlas en mis clases para poder entenderlas a fondo, para vivirlas y para que tanto yo como mis alumnos nos beneficiáramos de ellas. *La experiencia es la madre de la ciencia,* como se dice.

En un tema tan vivo e importante como la corrección, sirven de poco las recetas o las instrucciones de laboratorio. Sólo con la experiencia personal en el aula y con los alumnos, se pueden aprovechar las ideas. Me gustaría haberte animado a ensayar alguna de estas técnicas en tus clases, me gustaría que utilizaras a tu manera lo que se ha dicho aquí para mejorar tu corrección, para que sea menos aburrida, para que tus alumnos la apreciaran y disfrutaran más, para que pueda incluso llegar a ser algo agradable.

EPÍLOGO

Releyendo el texto, me quedo con la sensación de que maestros y alumnos podemos perdernos entre opiniones contradictorias y planteamientos filosóficos. Convendría preguntarnos cuál es la lección inmediata y práctica que podemos extraer para nuestra aula. ¿Cuáles son las ideas básicas del texto? ¿Qué es lo más importante que hay que recordar?

Para cerrar este libro, transcribo dos documentos que resumen lo más importante de lo que se ha dicho. El primero es una lista de diez consejos para mejorar la corrección, dirigidos a maestros. Suelo repartirlo al final de un seminario o una charla sobre el tema (consultar página siguiente):

El segundo documento es una *Hoja informativa* para el alumno. Se trata de una breve explicación sobre los sistemas de corrección que se usarán en clase. Sirve para preparar al alumno para las nuevas técnicas de corrección, para que no se sorprenda de la desaparición de los roles tradicionales de maestro y alumno. La hoja se puede repartir fotocopiada al inicio del curso a todos los estudiantes, o puede colgarse en un sitio bien visible del aula. He copiado la idea, y también parte del texto, de Hedge (1988). Encontraréis la hoja en la pàgina 125.

Como verás, se trata de las dos caras de la corrección, de lo que debe hacer el maestro y de lo que debe hacer el alumno. No es posible cambiar la dinámica del aula si no cambian ambos y si no están de acuerdo en hacerlo.

DIEZ CONSEJOS PARA MEJORAR LA CORRECCIÓN

1. Corrige sólo lo que el alumno pueda aprender. No vale la pena dedicar tiempo a corregir cosas para las cuales el alumno no está preparado.

2. Corrige cuando el alumno tenga fresco lo que ha escrito; o sea, en el momento en que lo escribe o poco después. No dejes pasar mucho tiempo entre la redacción y la corrección.

3. Si es posible, corrige las versiones previas al texto, los borradores, los esquemas, etc. Recuerda que es mucho más efectivo que corregir la versión final.

4. No hagas todo el trabajo de la corrección. Deja algo para tus alumnos. Marca las incorrecciones del texto y pídeles que busquen ellos mismos la solución correcta.

5. Da instrucciones concretas y prácticas y olvida los comentarios vagos y generales. Por ejemplo: *reescribe el texto, fíjate en este punto, amplía el párrafo 3º, escribe frases más cortas, añade más puntos o comas al 2º párrafo...* Escribe o di cosas que el alumno pueda entender.

6. Deja tiempo en clase para que los alumnos puedan leer y comentar tus correcciones. Asegúrate de que las leen y las aprovechan.

7. Si puedes, habla individualmente con cada alumno. Corrige oralmente sus trabajos escritos. Es más económico, práctico y seguro.

8. Da instrumentos para que los alumnos puedan autocorregirse; enséñales a consultar diccionarios y gramáticas, dales pistas sobre el tipo de error que han cometido, estimúlales para que revisen el escrito...

9. No tengas prisa por corregirlo todo. Tómate tiempo para corregir concienzudamente cada escrito. Asegura la calidad de la corrección, aunque la cantidad se resienta de ello.

10. Utiliza la corrección como un recurso didáctico y no como una obligación. Utiliza técnicas de corrección variadas. Adáptalas a las características de cada alumno.

HOJA INFORMATIVA PARA LOS ALUMNOS

- El maestro no siempre corregirá personalmente tus escritos. A veces lo hará él, a veces lo harás tú mismo, a veces lo hará otro compañero. Piensa que no todos los trabajos tienen los mismos objetivos y que no hay tiempo para corregir todo lo que escribes.

- No esperes que el maestro te corrija todos los errores de cada texto. Es difícil aprender todas las incorrecciones a la vez. El maestro decidirá los errores más importantes de cada trabajo y los que tienes que estudiar.

- Fíjate atentamente en las correcciones y los comentarios del maestro. Puedes aprender mucho de los errores que has hecho. Si hay algo que no entiendas, no dudes en preguntárselo. En clase habrá tiempo para hacerlo.

- Con frecuencia, el maestro te marcará las faltas que hayas hecho y te pedirá que pruebes a corregirlas tú mismo. Otras veces te dará alguna instrucción para rehacer el texto. Hazlo sin demora. Piensa que los buenos escritores suelen revisar y rehacer sus escritos varias veces.

- El maestro empleará un sistema especial de signos para marcar los errores de tus escritos. Te dará una fotocopia con todos los símbolos y sus significados. Tal vez al principio sea difícil recordarlos, pero después descubrirás que son prácticos y útiles.

- Cuando los trabajos se hagan en clase, el maestro irá pasando por las mesas y hablará con cada uno por separado. Aprovecha este momento para hablar con él. Pregúntale las dudas que tengas. Piensa que puedes preguntarle cosas que no se hayan visto en clase.

- Alguna vez tendrás que corregir los escritos de otro compañero. Es un ejercicio útil para aprender a reconocer los errores de un texto. También te puede ayudar a mejorar tus propios escritos. Recuerda que también puedes aprender mucho de tus compañeros.

- Utiliza los libros de consulta del aula: diccionarios, gramáticas, libros de verbos... El profesor te enseñará a utilizarlos. Con la ayuda de estos libros tú mismo puedes solucionarte muchas dudas.

BIBLIOGRAFÍA

ALCOVERRO, C. (1993) *Els tallers d'escriptura. Una alternativa a l'ensenyament de la literatura.* Barcelona. Barcanova.

AULADELL, J.; FIGUEROLA, J. (1989): *Llançar-se a escriure. Els tallers d'escriptura de Barcelona i València 1988-1989.* Barcelona. Sírius.

BOLÍBAR, S.; FONS, M. (1984): *Avaluació de la composició infantil.* Barcelona. Barcanova.

BERNÁRDEZ, E. (1982): *Introducción a la lingüística del texto.* Madrid. Espasa-Calpe.

BLANTON, L.L. (1987): «Reshaping ESL students' perceptions of writing». *ELT Journal* 41/2 p. 112-118.

BRANNON, L.; KNOBLAUCH, C.H. (1982): «On Students' Rights to Their Own Texts: A Model of Teacher Response». *College Composition and Communication* 33/2 p. 157-166.

CAMPS, A.; MILIAN, M; BIGAS, M.; CAMPS, M. (1989): *La enseñanza de la ortografía.* Barcelona. Graó.

CAMPS, A. (1990): «Modelos del proceso de redacción: algunas implicaciones para la enseñanza». *Infancia y aprendizaje,* 49, p. 3-19.

CASSANY, D. (1987): *Descriure escriure. Com s'aprèn a escriure.* Barcelona Empúries (Versión castellana de 1989: *Describir el escribir.* Barcelona. Paidós.)

CASSANY, D. (1989): *Correcció del treball escrit.* Vic. EUMO.

CASSANY, D. (1990): «Enfoques didácticos para la enseñanza de la expresión escrita». *Comunicación, Lenguaje y Educación* 6 p. 63-80.

CASSANY, D. (1991): «Tècniques de correcció de l'escrit 1-V». *Escola Catalana* 275 p. 23-29, 276 p. 7-8, 278 p. 5-7, 279 p. 7-9, i 281 p. 5-7.

CASSANY, D. (1992): «La interacción profesor-alumno en el aprendizaje de la redacción». Segunda Conferencia sobre la Enseñanza de la Redacción. Universidad Interamericana de Puerto Rico. (material fotocopiado)

CASSANY, D.; LUNA, M.; SANZ, G. (1993): *Ensenyar llengua.* Barcelona. Graó. (En preparación la versión castellana.)

CODINA, F.; FARGAS, A. (1988): *Proposta de classificació dels errors d'ortografia.* Vic. EUMO.

CONDEMARTÍN, M.; CHADWICK, M. (1990): *La enseñanza de la escritura. Bases teóricas y prácticas (Manual).* Madrid. Visor.

CHENOWETH, N.A. (1987): «The need to teach rewriting» *ELT Journal* 41/1 p. 25-29.

FERRERES PAVÍA, V. (1984): *Enseñanza y valoración de la composición escrita.* Madrid. Cincel-Kapelusz.

FLOWER, L. (1989): *Problem Solving Strategies for Writing.* Orlando. Harcourt Brace Jovanovich. (3ª edición)

GALÍ, A. (1928a): *L'ensenyament de l'ortografia als infants.* Barcelona. Barcino. (reedición 1971)

GALÍ, A. (1928b): *La mesura objectiva del treball escolar.* Vic. EUMO/Diputació de Barcelona. (reedición 1984)

GOLSTEIN, L.M.; CONRAD, S.M. (1990): «Student Input and Negotiation of Meaning in ESL Writing Conferences». *TESOL Quarterly,* 24/3, p. 443-460.

GRAVES, D.H. (1983): *Writing: Teachers and Children at Work.* New Hampshire. Heinemann. (Versión castellana: *Didáctica de la escritura.* Madrid. Morata, 1991.)

HARMER, J. (1983): *The Practice of English Language Teaching.* Longman.

HEDGE, T. (1988): *Writing.* Oxford UP.

HENDRICKSON, J.M. (1980): «The Treatment of Error in Written Work». *Modern Language Journal* 64/2 p. 216-221; reimpreso en Mckay, 1984.

HUBBARD; JONES; THORTON; WHEELER (1985): *A Training Course for TEFL.* Oxford UP.

JENSEN, G.H.; DITIBERIO, J.K. (1984) «Personality and Individual Writing Processes». *College Composition and Communication* 35/3 p. 285-300.

JOHNSON, K. (1988): «Mistake correction». *ELT Journal,* 42-2 p. 89-96.

JUNTA PERMANENT DE CATALÀ (1986): «Proves de la JPC». *COM Suplement* 5. Generalitat de Catalunya.

KRASHEN, S.D. (1985): *The Input Hypothesis: Issues and Implications.* Longman.

KROLL, B.M.; SCHAFER, J. (1978): «Error Analysis and the Teaching of Composition». *College Composition and Communication* 29/3 p. 243-248; reimpreso en Mckay 1984.

LIEBMAN-KLEINE, J.A. (1987): «Teaching and researching inventions: using ethnography in ESL writing classes». *ELT Journal* 41/2, p. 104-111.

McGUIRE SIMMONS, J.A. (1984): «The One-to-One Method of Teaching Composition». *College Composition and Communication* 35/2 p. 222-229.

McKAY, S. *ed.* (1984): *Composing in a Second Language.* Rowley. Newbury House.

MIRANDA PODADERA, L. (1987): *Ortografía práctica de la lengua española.* Madrid. Hernado.

MURRAY, D.M. (1978): «Internal Revision: A Process of Discovery», *Research on Composing.* C. Cooper i L. Odell *ed.* Urbana, IL. National Council of Teachers of English.

MURRAY, D.M. (1982): «Teaching the other Self: the Writer's first Reader». *College Composition and Communication* 33/2, p. 140-147.

NEW YORK CITY WRITING PROJECT (1992): «Suggestions for using Writer's

Drafts in the Classroom». Nueva York. Lehman College. (Ejemplar fotocopiado.)
NORMA UNE (1974): *Signos de corrección de imprenta* UNE 54-051-74 p. 1-4.
QUINTANA, H. E. (1992): «La bitácora o el diario de clase». Universidad Interamericana de Puerto Rico. (Ejemplar fotocopiado.)
Programes dels cursos de català per a adults (1988): Generalitat de Catalunya.
PIPER, A. (1987): «Helping learners to write: a role for the word processor». *ELT Journal* 41/2 p. 119-125.
PORLÁN, R.; MARTÍN, J. (1991): *El diario del profesor. Un recurso para la investigación en el aula.* Sevilla. Díada.
RICHTERICH, R. (1985): *Besoins langagiers et objectifs d'apprentissage.* París. Hachette.
ROBINETT, B. (1982): «The Horns of a Dilema: Correcting Compositions». *Studies in Honor of Albert Markwardt*; Alatis, J. *ed.* Washington DC TESOL p. 143-152; citado en Mckay, 1984.
RUBIN, M. (1986): «The «Process» of Writing in EFL: Content, Communication, Correction» *Modern English Teaching* 14/2 p. 30-32.
SÁNCHEZ ENCISO, J.; RINCÓN, F. (1985): *Los talleres literarios. Una alternativa didáctica al historicismo.* Barcelona. Montesinos.
SEBRANEK, P.; MEYER, V.; KEMPER, D. (1989): *Writers Inc. A Guide to Writing, Thining, & Learning.* Burlington WI. Write Educational Publishing House.
SERAFINI, Ma.T. (1989): *Come si fa un tema in clase.* Milán. Bompiani. (Versión castellana: *Cómo redactar un tema. Didáctica de la escritura.* Barcelona. Paidós.)
SOKMEN, A.A. (1988): «Taking Advantge of Conference-Centered Writing». *TESOL Newsletter* 22/1 p. 1, 5.
SOMMERS, N. (1982): «Responding to Student Writing». *College Composition and Communication* 33/2 p. 148-156; reimpreso en Mckay, 1984.
STELZER MORROW, D. (1991): «Tutoring Writing: Healing or What?». *College Composition and Communication* 42/2 p. 218-229.
SUNYOL, V. (1992): *Màquines d'escriure. Recursos per a la creativitat escrita.* Vic. EUMO.
THE PORTFOLIO DEVELOPMENT TEAM (1989): «The portfolio». *Educational Testing Service.* Princenton, NJ. (Ejemplar fotocopiado.)
VIDAL, M.C. (1984): *Criteris d'avaluació a l'ensenyament secundari.* Barcelona. CEAC.
ZAMEL, V. (1982): «Writing: The Process of Discovering Meaning». *TESOL Quarterly* 16/2 p. 195-209.
ZAMEL, V. (1985): «Responding to Student Writing». *TESOL Quarterly* 19/1 p. 79-101.
ZAMEL, V. (1987): «Recent Research on Writing Pedagogy». *TESOL Quarterly* 21/4 p. 697-715.